왕의 재정학교

실천 워크북

김미진 지음 · 홍성건 감수

지금 선택하라!

돈의 노예가 될 것인가, 주인이 될 것인가?

NCMN · 규장

Nations-Changer Movement & Network

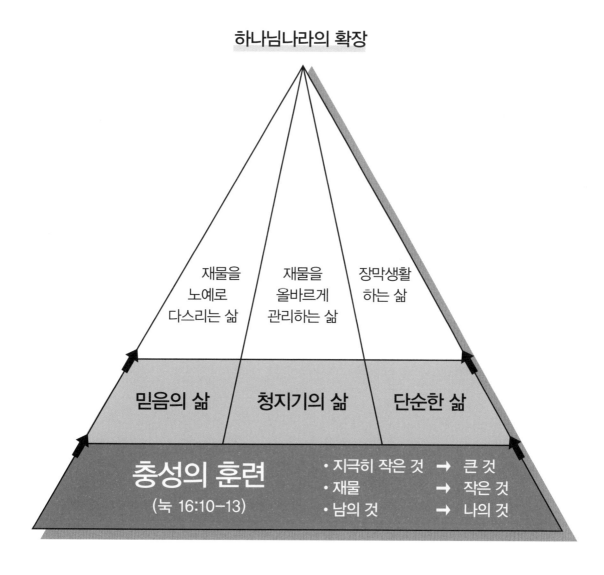

하나님나라의 확장

재물을
노예로
다스리는 삶

재물을
올바르게
관리하는 삶

장막생활
하는 삶

믿음의 삶 ㅤ청지기의 삶ㅤ 단순한 삶

충성의 훈련
(눅 16:10-13)

- 지극히 작은 것 ➡ 큰 것
- 재물 ➡ 작은 것
- 남의 것 ➡ 나의 것

1. 하나님은 모든 것의 주인이시며 공급자이시다.

2. 심고 거두는 법칙으로 산다.

3. 사고 파는 법이 아닌 주고 받는 법으로 산다.

NOTE

차 례

5K 운동

하나님은 예수님을 믿는 우리에게 가난한 사람들과 고아와 과부와 나그네를 돌보길 부탁하셨습니다.

- 여호와는 억눌린 사람들을 위해 정의로 심판하시며 주린 자들에게 먹을 것을 주시는 이시로다 여호와께서는 갇힌 자들에게 자유를 주시는도다 … 여호와께서 나그네들을 보호하시며 고아와 과부를 붙드시고 시 146:7,9
- 가난한 자를 불쌍히 여기는 것은 여호와께 꾸어 드리는 것이니 그의 선행을 그에게 갚아주시리라 잠 19:17
- 네가 네 포도원의 포도를 딴 후에 그 남은 것을 다시 따지 말고 객과 고아와 과부를 위하여 남겨두라 신 24:21
- 그의 거룩한 처소에 계신 하나님은 고아의 아버지시며 과부의 재판장이시라 시 68:5
- 구제를 좋아하는 자는 풍족하여질 것이요 남을 윤택하게 하는 자는 자기도 윤택하여지리라 잠 11:25

5K 운동이란 지역 교회가 주도하여 반경 5킬로미터 내의 기초 생활이 되지 않아 절대적으로 도움이 필요한 사람들에게 재물을 통해 그리스도의 사랑을 나누는 운동입니다.
이는 세 가지 영역으로 살펴볼 수 있습니다.

1. 지역 교회가 위치한 곳을 기준으로 반경 5킬로미터 내의 가난한 사람과 고아와 과부와 나그네를 돌보는 것입니다. 또한 무너진 중산층이 다시 일어설 수 있도록 도와줍니다.

2. 지역 교회가 북한의 한 지역을 선정하여 그로부터 5킬로미터 내의 가난한 사람과 고아와 과부를 돌보기 위해 '통일펀드'를 준비합니다. 기회가 오면 이것은 북한 주민을 위한 성경 구입과 음식과 의복과 교육을 위해 쓰일 것입니다.

3. 아직 복음화되지 않은 선교지를 선정하여 그곳에서 반경 5킬로미터 내의 고아와 과부를 위한 '선교펀드'를 준비합니다.

나누는 삶 실천 운동

이는 재물에 있어서 단순한 삶을 살기로 실천하는 운동입니다. 우리는 필요한 만큼 소유하고 나머지를 다른 사람들과 나눌 때 비로소 단순하게 살 수 있습니다. 교회에서는 '사랑의 쌀독'과 '나눔마켓'의 운영을 통해 실천할 수 있습니다.

나눔은행 설립

지역 교회에 속한 그리스도인들의 개인과 가정과 기업이 빚을 다 청산하고 자립할 수 있도록 '나눔은행'을 설립합니다. 성경적 재정 원칙을 배워서 더 이상 빚지지 않고, 성부(聖富)와 성빈(聖貧)의 삶을 살기로 결심한 이들을 실제적으로 돕는 것입니다.

하나님은 우리에게 "기회 있는 대로 모든 이에게 착한 일을 하되 더욱 믿음의 가정들에게 할지니라(갈 6:10)"라고 하셨습니다.

나눔은행은 이러한 사람들에게 1퍼센트의 이자로 돈을 빌려줌으로써 빚에서 벗어나 자립할 수 있도록 돕습니다. 은행의 재원 마련은 이 은행에 무이자로 저축한 사람들의 돈을 사용합니다. NCMN의 나눔운동 본부는 이것이 원활하게 진행되도록 도와주고자 합니다.
또한 이 운동을 전개함에 있어 같은 지역의 교회들이 연합하여 운영하기를 제안합니다.

NCMN 대표 홍 성 건

NCMN 〈왕의 재정학교〉를 시작하며

성경 전체에 '믿음'은 215회, '구원'은 218회 언급됩니다. 그런데 '돈'에 대해서는 2,084회나 기록되어 있습니다. 하나님의 관심이 돈에 있기 때문일까요? 그분의 관심은 '마음'에 있습니다. 보물이 있는 곳에 마음이 있다고 하셨듯이 돈을 사로잡으면 마음을 사로잡을 수 있습니다. 성경에는 '네 마음이 있는 곳에 보물이 있다'고 하지 않고, "네 보물이 있는 곳에는 네 마음도 있느니라"(마 6:21)고 하셨습니다. 돈이 어떻게 사용되었는가를 살펴보면 그 사람의 마음이 어디에 있는가를 알 수 있다는 것이지요.

많은 사람들은 재물 때문에 웃고 울고, 행복해하거나 불행해합니다. 그렇다면 우리가 소유하고 있는 재물은 축복일까요, 저주일까요? 선한 것일까요, 악한 것일까요? 만일 재물이 저주나 악이라면 해결은 간단합니다. 그것을 버리면 됩니다. 그러나 문제가 그렇게 간단하지 않습니다.

성경에서 어떤 경우는 재물이 하나님의 축복의 표시라고 합니다. 아브라함에게는 가축과 은과 금이 풍부했습니다. 이삭은 하나님의 축복으로 농사를 지어 백 배나 얻었고, 마침내 큰 부자가 되었습니다. 욥의 많은 재산은 하나님의 축복하심으로 이루어진 것입니다.

그러나 어떤 경우에는 재물이 하나님나라에 들어가는데 큰 장애가 되기도 합니다. 성경에는 자기를 위하여 재물을 쌓아두고 하나님께 부요하지 못한 어리석은 부자에 대한 이야기가 있습니다. 또한 하나님과 재물을 겸하여 섬길 수 없다고 하셨지요(마 6:24).

우리에게 중요한 것은 재물을 어떻게 다루느냐 하는 것입니다. 이것을 '성경적 재정 원칙'이라고 합니다. 그럼 이 성경적인 재정 원칙은 무엇일까요?

몇 년 전, 기도를 하는데 하나님께서 한국 교회의 부흥의 열쇠가 '재정'에 있다고 말씀하셨습니다. 그리스도인 개개인과 교회와 기독교 사업체가 성경적인 재정 원칙을 따라서 살아갈 때, 이 시대에 부어질 부흥을 맛보게 될 것입니다. NCMN 〈왕의 재정학교〉는 성경적인 재정 원칙을 지킴으로써 하나님이 주시고자 하는 부흥을 경험하는 데 목적이 있습니다. 이 학교가 진행되는 동안 하늘을 향해 마음을 열어놓고 간절함과 목마름과 절실함으로 주 앞에 머무르기를 바랍니다. 놀라운 하나님나라의 비밀을 깨달아 알기를 바랍니다. 그리고 착하고 좋은 마음으로 말씀을 듣고 지키어 인내로 결실을 맺는 좋은 땅이 되기를 바랍니다. 여러분 모두를 축복하고 사랑합니다!

NCMN 〈왕의 재정학교〉 책임자 김 미 진

〈왕의 재정학교〉 강의 내용

일정	내용	비고
1주차	**하늘의 재물을 받는 훈련: 충성된 삶** 재물의 영역은 가장 치열한 영적전쟁터이다 • 맘몬의 영향력(1) • 믿음으로 사는 삶(1)	신상명세서 재산 목록
2주차	**훈련 1 - 믿음으로 사는 삶 (1)** 재물을 노예로 다루는 훈련 • 맘몬의 영향력(2) • 믿음으로 사는 삶(2) 누가 나의 주인인가, 나의 공급자인가? • 성부와 성빈, 속부와 속빈	적용 프린트물
3주차	**훈련 2 - 믿음으로 사는 삶 (2)** • 보이는 세계와 보이지 않는 세계에서의 재물 • 하나님의 재물은 어디에 있는가? • 하나님의 재물은 어떤 형태로 있는가? • 하나님의 재물은 어떤 사람들에게 공급되는가?	
4주차	**훈련 3 - 청지기의 삶 (1)** 재물을 올바르게 관리하는 훈련 • 심고 거두는 법 • 하늘은행 • 심을 씨와 먹을 양식 • 예산 작성 (O-N-W)	예산 짜는 법 빚 해결 방법 하늘은행 통장 개설
5주차	**훈련 4 - 청지기의 삶 (2)** • 십일조 • 빚 해결 • 내 모습 직면하기 • 하나님의 마음 알기 • 결단의 시간	뮤지컬 뮤지컬
6주차	**훈련 5 - 단순하게 사는 삶** 재물을 다루면서도 장막생활하는 훈련 • 주고 받는 법 • 장막생활 • 재정의 기름부으심을 받으라	유언장 작성 소유권 포기
현장실습(6주)	삶에서 강의 내용을 적용하는 훈련 기간	트리플릿(삼겹줄)
수료식	**훈련 6 - 결단과 헌신** • 더하는 삶 • 열매 맺는 삶 • 간증 • 요단강 건너기	무대 설치

내 모든 삶의 주인은 오직 하나님이십니다.
내 모든 삶의 공급자는 오직 하나님이십니다.
내 모든 삶의 안정감은 오직 하나님께만 있습니다.

예수님은 우리가 재물에 대해 잘못 이해하고 있는 점을 말씀하십니다(눅 16:10-12).

첫째, 재물을 너무 작게 여겨 소홀히 대할 수가 있습니다. 둘째, 재물을 남의 것처럼 생각하여 가볍게 대하곤 합니다. 셋째, 재물을 세상에 속한 것으로 이해하여 무시하기도 합니다. 이러한 이해 때문에 사람들은 재물에 충성하지 않게 됩니다. 그런데 놀랍게도 재물을 어떻게 이해하고 다루느냐에 따라 하나님나라의 프로젝트에 우리가 참여할 자격이 있는지 없는지가 결정됩니다. 그러므로 재물에 충성한다는 것은 마치 자격시험을 치르는 것과 같습니다.

우리가 재물에 충성한다는 것은 재물의 노예가 되지 않고, 오히려 그것을 노예로 다루는 삶을 사는 것입니다. 이는 재물을 보물처럼 여기지 않고 관리하며 장막생활을 하는 삶입니다. 이러한 삶은 하루아침에 이루어지지 않으며, 반복되는 훈련을 통해 형성됩니다.

첫째, 재물을 노예처럼 다루려면 믿음으로 사는 훈련을 해야 합니다. 둘째, 재물을 관리하려면 청지기적 훈련을 해야 합니다. 셋째, 장막생활을 하려면 단순하게 사는 연습을 해야 합니다. 훈련이란 반복적으로 연습하는 것을 말합니다. 실패를 해도 실망하거나 포기하지 않고 연습 또 연습하며, 훈련 또 훈련을 해야 합니다.

'믿음으로 사는 삶'이란 어떻게 사는 것일까요? 그것은 월급이 있고 없고, 직장이 있고 없고를 말하는 게 아닙니다. 내 모든 필요의 공급자는 사람이 아니고 하나님이심을 믿는 것입니다. 내 삶의 안정을 사람이나 직장에 두지 않고 오직 하나님께 두는 것입니다. 하나님이 내게 말씀하시는 음성을 듣고, 그분의 뜻을 따라서 순종하며 사는 것입니다.

로마서 10장 17절에 "그러므로 믿음은 들음에서 나며 들음은 그리스도의 말씀(레마의 말씀, 즉 주님이 내게 개인적, 인격적으로 하시는 말씀)으로 말미암았느니라"라고 하셨습니다. 다시 말하면 무슨 일을 결정할 때 내 뜻대로 결정하지 않고, 먼저 주의 뜻을 듣고 결정하며 행하는 것이지요. 내 생각과 감정을 따르지 않고, 또한 압박감이나 환경에 따라 결정하지 않는 것입니다. 돈에 의해서도 좌지우지 되지 않는 것입니다.

다음과 같은 질문을 자신에게 해봄으로써 믿음으로 사는지를 살펴보아야 합니다.

"누가 내 결정에 영향을 주는가? 돈인가 아니면 하나님인가?"

"환경에 의해 결정하는가, 하나님의 말씀(음성)에 따라 결정하는가?"

"나는 삶의 안정을 어디에 두는가? 돈인가, 직장인가 아니면 하나님인가?"

"내 필요의 공급자는 누구인가? 사람인가, 직장인가 아니면 하나님인가?"

마태복음 6장 24절에 "한 사람이 두 주인을 섬기지 못할 것이니 혹 이를 미워하고 저를 사랑하거나 혹 이를 중히 여기고 저를 경히 여김이라 너희가 하나님과 재물을 겸하여 섬기지 못하느니라"라고 하셨습니다. 우리가 하나님의 말씀을 듣고 순종하여 결정하면 그분은 우리의 주인이 되십니다. 그러나 돈에 의해 결정한다면 재물이 우리의 주인이 될 것입니다.

믿음으로 사는 삶은 돈에 의해 결정하지 않고, 먼저 하나님의 음성을 듣고 결정하는 삶입니다. 환경이나 압박감으로 결정하지 않고 말씀에 따라 결정합니다. 그러므로 믿음으로 사는 것은 오직 하나님만이 내 주인됨을 고백하는 삶입니다. 믿음으로 사는 사람은 다음과 같은 고백을 합니다.

"내 모든 삶의 주인은 오직 하나님이십니다."

"내 모든 삶의 공급자는 오직 하나님이십니다."

"내 모든 삶의 안정감은 오직 하나님께만 있습니다."

우리가 믿음으로 사는 것에 목숨을 걸어볼 이유가 있는 것은 다음과 같은 하나님의 성품 때문입니다.

첫째, 하나님은 신실하십니다.

"하나님은 사람이 아니시니 거짓말을 하지 않으시고 인생이 아니시니 후회가 없으시도다 어찌 그 말씀하신 바를 행하지 않으시며 말을 실행하지 않으시랴"(민 23:19).

둘째, 하나님은 전능하십니다.

하나님은 나이가 들어 아이를 낳을 수 없는 아브라함과 사라에게 일 년 후에 아들이 있을 거라고 말씀하셨습니다. 이를 믿지 못하는 이들에게 "여호와께 능하지 못한 일이 있겠느냐"(창 18:14)라고 말씀하셨습니다.

우리는 신실하시고 전능하신 그분 앞에 나아갈 때마다 고백해야 합니다.

"하나님은 신실하십니다. 하나님은 전능하십니다!"

욥처럼 고백해야 합니다.

"주께서는 못 하실 일이 없으십니다. 주께서는 무슨 계획이든지 못 이루실 것이 없는 줄 제가 압니다"(욥 42:2 참조).

우리에게 반드시 도움을 주셔서 승리하게 하시는 주님을 바라보십시다.

〈왕의 재정학교〉를 시작하기에 앞서 다음의 공식을 꼭 기억하세요!

$$0 \times 1억 = 0$$

$$1 \times 1억 = 1억$$

우리가 아무것도 내놓지 않으면 주님의 능력은 풀어지지 않습니다. 지금 내가 할 수 있는 것은 최선의 1을 내놓는 것입니다. 그러면 주님의 1억이 내 삶에서 일하게 됩니다. 당신은 주님 앞에 1을 드리는 이 개념을 이해해야 합니다.

주님께는 '당신의 최선을 다한 1'이면 충분합니다. 그럴 때 '주님의 1억'이 일할 것입니다. '당신이 아무것도 하지 않는 0'이면 주님은 당신의 삶에서 일하시지 않습니다.

당신이 할 수 있는 최선을 다하십시오!

이 워크북 세트를 이용해서 재정 훈련에 최선을 다해 성실하게 임하길 바랍니다. 그러면 당신의 삶에 주님이 일하심을 반드시 경험하게 될 것입니다.

"땅에서 무엇이든지 매면 하늘에서도 매일 것이요 네가 땅에서 무엇이든지 풀면 하늘에서 풀리리라"(마 16:19).

"우리는 훈련될 것입니다."

"우리는 반드시 믿음으로 살아낼 것입니다."

"우리는 반드시 주인을 바꿀 것입니다."

하나님은 우리가 전심으로 그분을 향하기를 원하십니다.

"여호와의 눈은 온 땅을 두루 감찰하사 전심으로 자기에게 향하는 자들을 위하여 능력을 베푸시나니"(대하 16:9).

하나님은 그분께 향하는 사람들의 능력이 되어주십니다. 전심으로 하나님께 향하는 자에게 그분의 놀라운 능력이 풀어질 것입니다.

NOTE

약속의 말씀

<왕의 재정학교>를 통해 하나님께서 행하실 일에 대해서 주님 앞에 나아갈 때 주셨던 약속의 말씀입니다.

- 너희는 가만히 있어 내가 하나님 됨을 알지어다 시 46:10
- 소망의 하나님이 모든 기쁨과 평강을 믿음 안에서 너희에게 충만하게 하사
  성령의 능력으로 소망이 넘치게 하시기를 원하노라 롬 15:13
- 너는 복의 근원이 될지라 창 12:1-3 참조
- 나는 목마른 자에게 물을 주며 마른 땅에 시내가 흐르게 하며 나의 영을 네 자손에게,
  나의 복을 네 후손에게 부어주리니 사 44:3

<왕의 재정학교>를 통해 하나님께서 놀라운 일을 행하실 것이다.
하나님이 하나님 되심을 알게 하실 것이다. 하나님에 대한 기대감을 가지고 나아가라.
내 근심과 불안, 염려와 두려움을 예수 그리스도 앞으로 가지고 나아가 그 앞에 내려놓으라.
하나님은 소망의 하나님이시다. 하나님은 우리의 소망이 넘치기를 원하신다.

하나님이 내 삶을 새롭게 하실 것을 기대하라. 회복하실 것을 기대하고 믿으라.
하나님에게 안정감을 두어라. 맘몬에 매였던 삶에서 풀어주실 것이다.
더 나아가 재정의 문을 열어주시고 풀어주실 것이다.
죽었던 나사로를 무덤에서 나오게 하시고, 매였던 종들을 풀어주셨던 것처럼 풀어주실 것이다.
맘몬의 영을 깨뜨리고 대적하라.

하나님에게 순종하라. 두려워하지 말라. 그분 안에서 안식하라.
하나님이 목마른 자에게 물을 주실 것이다. 마른 땅에 시내가 흐르게 하실 것이다.
성령을 부어주실 것이다. 성령으로 하나님의 감추어진 비밀을 알게 하실 것이다.
진리로 견고하게 하실 것이다. 복의 근원이 되게 하실 것이다.
풍성하게 하시고 확장하실 것이다. 하나님이 기쁨과 평강을 충만하게 하실 것이다.

하나님의 증인들이 일어날 것이다.
'하나님이 하나님 되심'(Let God Be God)이 드러날 것이다.
내 노력이 아니라 하나님의 은혜로 행하실 것이다.

NOTE

나의 묵상과 기도 1

시각	묵상 본문	묵상 제목	강의
1	마태복음 6:25-34	염려하지 말라	
2	디모데전서 6:6-10	일만 악의 뿌리	
3	빌립보서 4:10-13	자족을 배우라	강의 1
4	빌립보서 4:14-19	공급자 하나님	
5	디모데전서 6:17-19	성부의 태도	
6	누가복음 5:1-7	말씀에 의지함	
7	스바냐서 1:12	찌끼 같은 마음	
8	마태복음 6:19-21	보물이 있는 곳	강의 2
9	마태복음 6:22-24	네 주인이 누구냐	
10	누가복음 8:4-15	좋은 땅에 심으라	
11	잠언 19:17	빚쟁이 하나님	
12	시편 146:6-10	고아와 과부의 하나님	
13	시편 41:1-3	복이 있는 자	강의 3
14	에스겔서 16:48-50	소돔의 죄악	
15	신명기 24:19-22	남겨두라	
16	누가복음 16:10-12	충성해야 할 것	
17	고린도후서 9:8-11	심는 자	
18	고린도후서 1:20	하나님의 약속	강의 4
19	말라기서 3:8-12	십일조	
20	잠언 11:24	나누는 삶	
21	잠언 22:7	빚과 종	
22	잠언 22:26,27	빚보증	
23	잠언 28:8	높은 이자	강의 5
24	로마서 13:8	사랑의 빚	
25	디모데전서 1:12	충성	
26	고린도후서 9:6-9	심고 거둠	
27	마태복음 6:22-24	단순한 삶	
28	신명기 26:12-15	십일조	
29	신명기 30:19,20	선택	강의 6
30	누가복음 6:38	주는 삶	
31	민수기 23:19	신실하신 하나님	

NOTE

나의 묵상과 기도 2

시각	묵상 본문	묵상 제목	강의
32	마태복음 25:14-30	충성	
33	신명기 8:1-10	광야의 길	
34	히브리서 11:6	믿음	현장실습1
35	민수기 12:6-8	충성	
36	욥기 34:21	감찰하시는 하나님	
37	디모데후서 2:2	부탁하라	
38	마가복음 4:10-13	하나님나라의 비밀	
39	누가복음 12:13-21	어리석은 부자	현장실습2
40	시편 111:5-10	하나님을 경외하는 자	
41	시편 112:1-4	하나님을 경외하는 자	
42	시편 112:5-10	꾸어주는 자	
43	시편 101:6	하나님이 찾으시는 사람	
44	미가서 6:9-16	속부(俗富)	현장실습3
45	미가서 7:7	구원의 하나님	
46	마가복음 10:21	주라	
47	시편 147:1-7	하나님을 찬양하라	
48	시편 147:8-15	하나님을 경외하는 자	
49	잠언 25:13	충성된 사자	현장실습4
50	잠언 3:1-10	순종하는 자	
51	잠언 11:24-28	구제를 좋아하는 사람	
52	스바냐서 3:17-20	전능자 하나님	
53	학개서 2:6-9	성전의 영광	
54	열왕기상 17:2-7	그릿 시냇가	현장실습5
55	열왕기상 17:8-16	사렙다 과부	
56	골로새서 3:22-24	코람데오	
57	역대상 29:1-9	드림	
58	역대상 29:10-19	주의 것	
59	잠언 8:17-21	주를 사랑하는 자	
60	잠언 8:10-16	가장 귀한 것	현장실습6
61	잠언 22:4	여호와의 경외함의 보상	
62	사도행전 2:42-47	성령 공동체	

NCMN에서 진행하는 〈왕의 재정학교〉에서는 학생들을 대상으로 하는 현장실습 때 본 교재로 훈련하고 있습니다. 지방이나 해외에 있는 관계로 〈왕의 재정학교〉에 참석하지 못하는 많은 분들의 요청으로 혼자서도 재정훈련을 할 수 있도록 워크북을 제작하여 출간하게 되었습니다.

여러분은 재정훈련 워크북을 세트로 구입하여 사용하게 될 것입니다. 이 세트는 〈왕의 재정학교 워크북〉과 〈나의 묵상과 기도 1,2〉, 〈하늘은행 통장〉과 〈일일 금전출납부〉, 〈예산 실행 봉투〉와 〈5K 저금통〉으로 이루어져 있으며, 모두 재정훈련에 반드시 필요한 것들입니다. 이것들은 여러분을 믿음으로 사는 삶(심고 거두는 삶), 청지기의 삶, 단순한 삶을 훈련시켜서 하나님께서 하늘의 것을 맡길 수 있는 사람이 되는 것에 목적을 두고 사용됩니다.

이 세트는 3명이 한 팀이 되어 사용하는 게 가장 효과적입니다. 이를 '트리플릿'(triplet, 삼겹줄)이라고 부릅니다. 삼겹줄은 쉽게 끊어지지 않습니다. 이 같은 삶을 살고자 훈련할 때 주시는 은혜를 트리플릿 별로 나누면서 서로 이해하고, 지지하고, 격려하고, 기도로 동역하며 나아가길 부탁드립니다. 가능하면 트리플릿끼리 교제할 수 있는 커뮤니티(카톡방 등)를 만들길 바랍니다. 그리고 트리플릿을 이끌어갈 수 있는 조장을 선출하여 일정 기간씩 번갈아 하십시오.

또한 트리플릿은 〈나의 묵상과 기도 1,2〉를 통해 받은 은혜를 커뮤니티 방에 매일 올리고, 일주일에 한 번씩 2시간 정도의 만남을 갖길 바랍니다. 이때 워크북 사용에 관한 것과 재정에 관한 실천과 은혜 등을 꼭 나누어야 합니다. 한 사람이 많은 시간을 점유하면 안 되고, 조장은 3명이 시간을 고루 분배해서 쓸 수 있도록 해야 합니다.

이 훈련은 최선을 다해 성실하게 임해야 하며 이에 최우선권을 두어야 합니다. 그러기 위해서는 다른 많은 것들을 포기해야 할 것입니다.

1. 〈나의 묵상과 기도〉1,2권과 〈일일 금전출납부〉, 〈하늘은행 통장〉과 〈예산 실행 봉투〉와 〈5K 저금통〉은 별책부록으로 구성되어 있습니다.

2. 훈련의 구성 내용은 예상 소득원, 믿음의 예산안, 자산 및 부채 현황, 부채 상환 우선순위 및 상환 실행계획 및 실행 등 5가지를 매달 작성하고, 최소 6개월간 훈련하도록 되어 있습니다.

3. 〈나의 묵상과 기도〉1,2권을 통해 날마다 말씀을 묵상합니다. 이 책은 재정에 관한 말씀을 두 달간 묵상할 수 있도록 구성되어 있습니다. 매일 이 진도표에 따라 묵상을 하면 말씀이 내 안에서 역사하기 시작한다는 것을 알게 될 것입니다.

   하나님은 모든 것에 주인이시다.
   하나님은 모든 것에 공급자가 되신다.
   하나님은 신실하시다.
   하나님은 전능하시다.

   내 안정감을 재정에서 하나님께로 옮기는데 가장 중요한 기반은 말씀에 있습니다. 그래서 올바른 재정관을 정립하기 위한 가장 중요한 단계가 '말씀묵상'입니다.

4. '맘몬의 영향력 체크리스트'를 통해서 내 영적 상태를 정직하게 직면합니다. 이 테스트는 말씀을 근거로 만들어졌습니다. 테스트의 결과를 받아들이고 인정하세요. 그리고 맘몬의 영향력 11가지 모두에 해당되더라도 낙심하지 마세요. 지금부터 다시 시작하면 됩니다. 맘몬의 영향력은 '영적전쟁'을 통해 끊을 수 있습니다. 예수님의 이름으로 맘몬을 대적하고, 그와 반대의 영과 정신으로 살기 시작하면 맘몬은 내게서 영향력을 잃기 시작합니다.

5. 〈일일 금전출납부〉를 기입합니다. 믿음의 예산안을 짜기 전에 이것을 먼저 기입합니다. 지금까지 평소에 지출하던 습관 그대로 한 달의 수입과 지출을 상세하게 기록합니다. 이것을 한두 달 동안 적어보면 얼마나 불필요한 지출을 하고 있는지 알게 됩니다. 이것은 믿음의 예산안을 짜기 위한 준비 작업입니다.

6. **예상 소득원을 작성합니다.** 예상 소득과 실제 소득의 차이가 있을 수 있습니다. 믿음의 예산안을 작성할 때 예상 소득이 아니라 실제 소득을 작성합니다.

7. 실제 소득을 기준으로 믿음의 예산안을 작성합니다. 45쪽의 샘플을 참조하길 바랍니다. 예산안으로 3개월 정도 살아보면 자신의 평균값을 가질 수 있고, 4개월부터는 비율을 잘 배분해서 작성할 수 있게 됩니다. 빚을 다 갚았더라도 계속 믿음의 예산안을 작성하고 그대로 지출한다면 진정한 성부(聖富)가 될 수 있습니다. 더 이상 가난하지 않게 됩니다.

8. 자산 및 부채 현황을 기록합니다. 자산 현황을 파악할 때는 실제 매매 가능한 금액으로 작성합니다. 당시 구입 금액이나 매매를 희망하는 가격을 기입하는 게 아닙니다. 지금 당장 집과 땅, 보석 등을 매매할 때 매매 가능한 금액이어야 합니다. 냉정하게 현실적으로 작성합니다. 부채 현황을 작성할 때는 부채 항목을 상세하게 분리해서 작성합니다. 이것을 토대로 부채 상환 우선순위 및 상환 실행계획표를 작성합니다.

	├ 예상 소득원
주인 바꾸기(빚 갚기) 프로젝트	├ 믿음의 예산원
1개월 차	├ 자산 및 부채 현황
	├ 부채 상환 우선순위 및 상환 실행계획
	└ 주인 바꾸기

9. 소유권 포기 및 청지기 서약서를 작성합니다. 가지고 있는 모든 것의 소유권을 하나님께 이전합니다. "나는 오늘부터 청지기로서 이 모든 것을 잘 관리하겠습니다"라고 하나님 앞에서 서약합니다.

10. 유산 계획을 작성합니다. 이는 단순하게 사는 법을 훈련하는 것입니다. 우선 법적효력이 없는 것으로 작성하고, 이후에 법적효력이 있는 것으로 작성합니다.

11. 유언장을 작성합니다. 진정성 있는 유언장을 작성해보면 하나님께서 여러분의 내면을 깊이 만지기 시작하실 것입니다.

〈5K 저금통〉 사용 방법

〈5K 저금통〉은 하나님의 재정 원칙을 온 가족이 함께 실천하고, 자녀들과 함께 살아내면서 하나님의 말씀을 가르치기 위한 것입니다. 재정 원칙을 자녀들에게 물려주기 위한 것이죠. 이렇게 자녀들과 살아내는 것은 말씀을 우리의 이마와 손목에 기록하고 매어 놓는 것입니다. 늘 말씀을 묵상하고, 하나님을 우리의 삶 속에 모시는 훈련입니다. 믿음으로 살고, 말씀으로 사는 훈련입니다.

NCMN에서 하고 있는 '5K 운동'은 이런 훈련의 일환으로 교회에서 5킬로미터 이내, 북한한 지역에서 5킬로미터 이내, 선교 지역에서 5킬로미터 이내에 있는 고아와 과부와 객들에게 하나님의 사랑을 흘려보내는 것입니다. 저희집 식탁 위에는 저금통이 항상 놓여 있습니다. 식사 때마다 저희 가족들은 모두 저금통에 돈을 넣습니다. 그리고 이렇게 기도합니다.

"하나님, 오늘도 예수님의 친구이신 고아와 과부와 객들을 기억하게 하시니 감사합니다. 그들을 섬길 수 있는 놀라운 특권을 주신 것도 감사합니다. 오늘도 하늘은행에 심습니다. 약속하신 30배, 60배, 100배의 축복으로 가난한 자들에게 더 많은 하나님의 사랑이 저희 가정을 통해 흘러가도록 축복하실 것을 믿습니다."

"가난한 자를 불쌍히 여기는 것은 여호와께 꾸어 드리는 것이니 그의 선행을 그에게 갚아 주시리라"(잠 19:17).

가난한 자를 불쌍히 여기는 마음으로 우리의 것을 나눠주어야 합니다. 그것은 여호와께 꾸어드리는 것입니다. 우리가 가난한 자에게 1만 원을 주었다면 우리 지갑에서는 분명히 1만 원이 지출된 것이지만, 하나님의 계산법은 다릅니다. 하늘은행에 1만 원이 입금되는 것이지요.

이런 행동은 하나님을 빚쟁이로 만드는 것입니다. 누가 감히 만왕의 왕, 만주의 주인이신 그분을 빚쟁이로 만들 수 있을까요. 가난한 자에게 주는 자만이 하나님을 빚쟁이로 만든다고 성경은 말하고 있습니다. "그의 선행을 그에게 갚아주시리라"는 약속을 원어와 영어 성경으로 보면 1만 원의 선행을 1만 원으로 갚으신다는 것이 아닙니다. 가득 넘치도록 갚으신다고 하나님은 약속하십니다.

하나님은 왜 가난한 자를 섬기는 이들에게 이런 약속을 하시는 걸까요? 그것은 고아와 과부와 객들에게는 보호자가 없기 때문입니다. 하나님의 이름만이 그들의 보호자이기 때문입니다. 하나님의 마음을 아는 자가 이런 가난한 사람들을 보살피기 시작할 때 더 보살필 수 있도록 풍성케 하시겠다는 약속입니다.

자, 이제 우리도 실천해봅시다!

• 식탁에 〈5K 저금통〉을 놓고 식사 때마다 온 가족이 돈을 넣는 훈련을 합니다.
• 가득 차면 이것이 가난한 자에게 흘러가도록 합니다.
• 2달에 한 통은 꼭 채울 것을 목표로 합니다.
• NCMN에서 펼치는 5K 운동에 동참하여 하나님의 사랑이 어려운 이웃에게 흘러가도록 합니다.
• 〈5K 저금통〉을 교회에서 사용하면 북한을 위한 '통일펀드'로 준비할 수 있습니다.

"가난한 자를 구제하는 자는 궁핍하지 아니하려니와 못 본 체하는 자에게는 저주가 크리라"(잠 28:27).

예산 실행 봉투 사용법

자동이체되지 않는 통장으로 급여를 받으세요. 그리고 급여를 1만 원권과 5만 원권으로 모두 찾으세요. 최소 6개월~1년간 훈련하세요. 그러면 영적 근육이 생길 것입니다. 급여를 이제까지 받던 통장으로 받으면 일주일 안에 카드 사용과 현금서비스와 여러가지 지출과 자동이체 등으로 다 빠져나갈 것입니다. 그리고 다시 카드 할부와 현금서비스 등으로 살게 될 것입니다. 아래의 방법은 최고의 훈련법입니다. 반드시 돈이 남게 될 것입니다.

1. 믿음의 예산안을 작성합니다. 예산안을 작성한 그대로 반드시 집행합니다.

2. 의무사항, 필요사항, 심고거둠, 요망사항, 여윳돈 모으기 등 각 봉투별로 예산안 대로 현금을 분리해서 넣습니다. 봉투에 사용목적을 꼼꼼히 적고, 지출할 때도 적어서 항상 돈의 흐름을 파악합니다.

3. 봉투 사용은 6개월~1년간 훈련해야 합니다. 최소 6개월간 꼭 훈련하세요. 그래야 이후에는 각 항목별 통장으로 바꾸어도 해낼 수 있습니다. 처음부터 통장으로 하지 마세요. 실패할 확률이 높습니다. 7개월째부터는 봉투를 통장으로 바꿉니다. 5개의 통장(의무사항 통장, 필요사항 통장, 하늘은행에 심을 것을 넣어둘 통장, 요망사항 통장, 여윳돈 모으기 통장)을 만듭니다.

> 예) 아직 다음달 급여일까지는 일주일이 남았는데 필요사항 봉투의 돈이 하나도 없는 경우, 다른 봉투의 돈을 빼서 생활비로 사용하면 믿음으로 사는 훈련에서 실패하는 것입니다. 절대 다른 봉투의 돈을 빌려쓰지 않는 것이 믿음의 예산안의 원칙입니다.

그럼 일주일이나 남았는데 어떻게 살까요? 다시 빚을 내거나 카드를 써야 할까요? 절대 아닙니다. 다시는 빚의 노예가 될 수 없습니다. 이때가 냉동고를 청소할 때입니다. 그 안에 있는 모든 재료로 다음 급여일까지 버텨야 합니다. 하나님의 공급(만나)을 경험하며, 믿음으로 사는 법을 배우고, 영적 근육이 만들어지는 때입니다.

급여 외에 예상치 않은 재정(성과급, 보너스, 헌금) 등이 공급될 때 바로 '여윳돈 모으기 봉투'

에 넣어두세요. 공돈이 생긴 것처럼 사용하면 안됩니다. 냉장고나 세탁기나 소파를 바꾸거나, 입고 싶었던 옷이나 먹고 싶은 것을 구입해서는 안됩니다. 이 공급은 빚을 갚는 것에 1차적으로 사용해야 합니다. 단, 하나님께 기도한 제목이 있고 그것이 꼭 필요하다면 사용할 수는 있습니다.

4. 구체적인 봉투 사용법

- 입금 : 하나님께서 말씀하신 곳에 주는 것(심는 것)입니다. 이것은 하나님께 입금하는 것입니다(고아, 과부, 객, 가난한 자, 성빈, 하나님나라 프로젝트 등).
- 출금 : 하나님께서 내게 공급해주시는 것을 기재합니다.

하늘은행 통장 기재 방법

- 입금 : 하나님께서 말씀하신 곳에 주고(심고), 심은 곳을 기재합니다.

  물품으로 주라(심으라)고 하실 때

  예) 화장품과 옷 등을 현금으로 환산해서 기재합니다.

- 출금 : 하나님께서 내게 공급하시는 물건을 현금으로 환산하여 기재합니다.

  이때 누구를 통해서 공급되었는지까지 기록합니다.

  직장인들은 매달 급여를, 사업자는 한 달 순수익을 기록합니다.

매달 말일 입금과 출금 총액을 기재합니다. 하늘은행 통장의 입출금은 이월되지 않습니다. 매달 새로 기록합니다.

빛 갚기 프로젝트(주인 바꾸기)

이미 작성한 부채 현황표를 가지고 부채 상환 우선순위 및 상환 실행계획을 작성합니다.
부채 상환의 우선순위를 결정하는 순서입니다.

1순위 : 이자율이 높은 것(카드 현금서비스, 카드론 등)

2순위 : 미상환 잔액이 적은 것

3순위 : 위험부담이 높은 것(압류, 경매 등)

4순위 : 금융권(2금융권 먼저, 그리고 1금융권 순으로)

5순위 : 개인 채무 중 채권자의 재정 상태에 치명적인 부채

6순위 : 개인 채무 중 채권자의 재정 상태가 여유가 있는 부채

각 사람들의 상황에 따라 우선순위는 변동이 될 수 있습니다.
그러나 가급적 이 방법으로 우선순위를 정하세요.

빛 갚기 프로젝트에 돌입할 때, 상황에 따라 견디기 힘들어서 여기 조금, 저기 조금 이런 식
으로 돈을 갚게 되면 빚이 줄어들지 않습니다. 꼭 상환 실행계획대로 집행하세요. 그리고 이
자를 탕감받을 수 있도록 노력하세요. 개인 부채는 채권자를 만나 협의하셔서 이자를 중지
하고 원금부터 갚으세요. 이자를 먼저 갚으면 원금은 절대 줄어들지 않으니 꼭 채권자와 합
의를 이끌어내세요.

NOTE

맘몬의 영향력 체크리스트

- 한 사람이 두 주인을 섬기지 못할 것이니 혹 이를 미워하고 저를 사랑하거나 혹 이를 중히 여기고 저를 경히 여김이라 너희가 하나님과 재물(헬라어, 맘몬 Mammon)을 겸하여 섬기지 못하느니라 마 6:24

- 돈을 사랑함이 일만 악(모든 종류의 악)의 뿌리가 되나니 이것을 탐내는 자들은 미혹을 받아 믿음에서 떠나 많은 근심으로써 자기를 찔렀도다 딤전 6:10

우리가 돈을 사랑한다면 맘몬이 우리의 삶에 영향을 주도록 문을 열어주는 것이나 마찬가지입니다.

맘몬의 영향을 받으면 다음의 생각과 현상들이 나타나게 됩니다.

1. 나는 통장에 돈이 많으면 마음이 든든하다. ( )
2. 무엇이든지 돈으로 해결할 수 있다고 생각한다. ( )
3. 만일 돈이 없다면 내가 하고 싶은 것을 할 수 없다고 생각한다. ( )
4. 돈이 더 많으면 더 행복해질 거라고 생각한다. ( )
5. 돈이 많은 사람을 보면 더 가치 있는 사람으로 생각된다. ( )
6. 미래에 돈이 모자랄 수 있다는 걱정과 근심과 두려움이 있다. ( )
7. 나는 나눔에 있어서 인색하다. ( )
8. 내 이름으로 된 것(집, 땅, 자동차, 보석 등)은 내 소유라고 생각한다. ( )
9. 나는 백화점 등에서 충동구매를 잘한다. ( )
10. 현재 내가 가진 것에 불만족하며 이보다 더 갖고 싶은 생각이 있다. ( )
11. 나는 빚진 삶(대출, 카드 할부, 카드 현금서비스 등)을 살고 있다. ( )

위의 리스트에서 내 삶에 맘몬의 영향을 받은 영역이 있습니까? 있다면 어느 영역인가요?

NOTE

일일 금전출납부(작성 방법)

믿음의 예산안 작성을 위해서 먼저 작성하는 것으로, 평소 지출하던 대로 매일매일 꼼꼼하게 적습니다.

단위(원)

날짜	수입			지출			잔액
	수입내역	금액	총 수입	지출내역	금액	총 지출	
9/2	급여	2,000,000	2,000,000	십일조	200,000		
				선교 헌금	50,000		
				주일 헌금	10,000		
				식대(된장찌개 2인)	20,000		
				의류비(큰딸 옷)	50,000		
				쌀과 잡곡(한 달치)	200,000	530,000	
9/6	생일 축하금	50,000	50,000	보험료	150,000		
				식품(오이, 가지 등)	30,000	180,000	
9/15				커피	5,000		
				부모님 용돈	100,000		
				식품(소고기, 두부 등)	50,000		
				의류비(바지)	50,000		
				교통비	10,000		
				통신비(3명)	150,000	365,000	
9/30				주유비 + 교통비	200,000		
				아파트 관리비	250,000		
				주택 대출이자	150,000	600,000	
			2,050,000		⋮	⋮	

SAMPLE

※ 지출은 매일 예산안 대로 꼼꼼히 적습니다.

NOTE

하늘은행 통장 개설하기

예) 통장 안쪽

___

님

하늘은행 통장 - 심고 거두기 예금

주민등록번호:

가입하신 날 :　　　　　년　　　월　　　일

계좌 관리처 : 하늘나라　　　소그룹 명 :

소그룹원 명 :　　　　　전화번호 :

1.

2.

3.

실명 확인필

이자율 30배, 60배, 100배

하늘 은행 **하나님**

___

1 하나님은 모든 것의 주인이시며 공급자이시다

2 심고 거두는 법칙으로 산다

3 사고 파는 것이 아닌 주고 받는 법으로 산다

그러므로 염려하여 이르기를

무엇을 먹을까 무엇을 마실까 무엇을 입을까 하지 말라

이는 다 이방인들이 구하는 것이라

너희 하늘 아버지께서 이 모든 것이 너희에게 있어야 할 줄을 아시느니라

그런즉 너희는 먼저 그의 나라와 그의 의를 구하라

그리하면 이 모든 것을 너희에게 더하시리라

마태복음 6장 31-33절

NOTE

하늘은행 통장 입·출금 기재 방법

단위(원)

날짜	입금 내용 (하나님이 말씀하신 곳)	금액	잔액	출금 내용 (하나님이 공급하신 곳)	금액	잔액
1	전철 안 가난한 자	10,000	10,000			
3				영양 크림(교회 지인)	50,000	50,000
15	선교사님 헌금	30,000	40,000			
10				헌금 들어옴	200,000	250,000
20	교회 구제 헌금	30,000	70,000	수박 한 통	20,000	270,000
21	목사님 식사 대접	20,000	90,000			
25				가방 선물받음	50,000	320,000
30				급여	3,300,000	
	합계		90,000	합계		3,620,000

SAMPLE

- **입금**: 하늘은행에 입금하는 것으로 하나님이 말씀하신 곳에 입금합니다.

  입금 내용란에 하나님이 말씀하신 것을 구체적으로 기입해둡니다.

  매달 말일에는 잔액을 통계냅니다.

- **출금**: 하늘은행에서 출금하는 것으로, 하나님이 내게 공급하신 것을 기입합니다.

  내용란에 하나님이 공급하신 것을 기입합니다.

  월급 또는 순수익(자영업자의 경우)을 매달 기입하고 말일에 잔액을 통계냅니다.

※ 매달 새로 시작하며 잔액을 이월하지 않습니다.

※ 물건으로 들어온 경우는 돈으로 환산하여 기입합니다.

> 입금 내용란의 액수가 늘어날수록 출금 내용란의 액수가 불어나는 것을 보게 될 것입니다.
> **그리고 하나님의 공급하심에 감격하게 될 것입니다!**

NOTE

하늘은행 통장 입·출금 1년 통계표 작성

월	총 입금액	총 출금액
1		
2		
3		
4		
5		
6		
7		
8		
9		
10		
11		
12		
총액		

정말 놀랍지 않습니까?
1년치 통계를 통해 하나님의 약속이 "현실화"되는 것에 감격할 것입니다.

NOTE

예산 실행 봉투(사용 방법)

모든 수입을 한 봉투(한 통장)에 넣으면 절대 남는 돈이 없습니다.

4가지 사항(의무, 필요, 심고거둠, 요망)으로 봉투를 분류합니다.

봉투 뒷면 - 위 칸에 항목별 예산 금액을 적습니다.

　　　　　아래 칸에 실제 지출 금액을 적습니다.

※ 각 사항마다 필요에 따라 1-3개의 봉투로 나누어 사용할 수 있습니다.

예) 의무사항 봉투

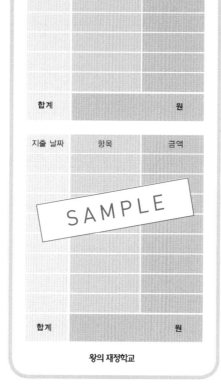

〈앞면〉　　　　　　　　　〈뒷면〉

NOTE

예상 소득원(작성 방법)

년   월   일   단위(원)

항목	날짜	예상 소득		실제 소득	
		예상 수입 내역	예상 입금 내역	실제 수입 내역	실제 입금 내역
근로 소득 1	6/15			6/15 급여	2,800,000
근로 소득 2				6/20 상가 임대수익	500,000
근로 소득 3					
상여금					
사업 소득 1					
사업 소득 2					
이자 소득 1	6/30	적금(2개)	10,000		
이자 소득 2	6/30	펀드(예상 불가)			
배당 소득					
신탁기금					
임대소득 1	6/20	상가 임대수익	500,000		
임대 소득 2	6/20	원룸 임대수익	300,000		
실업 급여					
연금					
정부생활 보조금					
장애인 보조금					
용돈					
기타 1					
기타 2					
기타 3					
기타 4					
총계			3,610,000		3,300,000

※ 예상 소득과 실제 소득의 차이가 날 수 있습니다.

NOTE

믿음의 예산안(작성 방법)

지출 항목			
의무사항 (35~40%)	필요사항 (50~55%)	좋은 땅(하늘은행) 심고 거두는 것(5~10%)	요망사항 (5~10%)
십일조	생필품		TV
빚 청산	교통비	고아, 과부, 객(가난한 자) 급한 필요가 있는 곳(꼭 기도하고 결정)	자동차
약속 헌금 (하나님 앞에서의 약속이기 때문에)	교육비	하나님의 사람(성빈) 선교사님, 목사님, 간사	컴퓨터 (사람에 따라 필요사항일 수 있음)
공과금	저축	하늘나라 프로젝트 (교회 건축, 선교지 필요, 구제 사역 등)	카메라
세금	여가선용비		비디오
부모님 용돈	개인 용돈 등		옷
			액세서리 등

SAMPLE

참고

1. 의무사항(Obligation) – 반드시 지출 1순위
2. 필요사항(Need) – 지출 2순위
3. 심는 것(Planter)과 주는 것 – 믿음에 따라 지출 2순위 또는 지출 3순위

꼭 기억하십시오!

주님과 함께 (하나님의 음성을 듣고) 예산을 짜야 합니다.

주님께서 말씀하신 좋은 땅에 심으면 반드시 내 재정을 배가시키십니다(막 4:14-20).

주님의 마음으로 선하게 주면 반드시 주께 속한 하늘의 참된 것으로 갚으십니다(눅 16:11).

---

4. 요망사항(Want) - 지출 4순위(당장 필요하지 않지만 본인이나 가족에게 있으면 좋은 것)

   예) 옷, 액세서리, 카메라 등

하나님 – OWNer
하나님만이 내 모든 것의 소유주이십니다

흩어 구제하여도 더욱 부하게 되는 일이 있나니 과도히 아껴도 가난하게 될 뿐이니라
구제를 좋아하는 자는 풍족하여질 것이요 남을 윤택하게 하는 자는 자기도 윤택하여지리라 잠 11:24,25

NOTE

믿음의 예산안

수입 : 3,300,000원   단위(원)

지출 항목							
의무사항 (35~40%)		필요사항 (50~55%)		좋은 땅(하늘은행) 심고 거두는 것(5~10%)		요망사항 (5~10%)	
항목	금액	항목	금액	항목	금액	항목	금액
십일조	330,000	생활비	750,000	가난한 자	30,000	카메라	50,000
약속 헌금	50,000	교통비	300,000	성빈	30,000	신발	50,000
공과금	300,000	교육비	300,000	프로젝트	30,000		
부모님 용돈	100,000	저축	200,000				
빚 갚기	500,000	용돈	200,000				
		여가비	80,000				
합계	1,280,000	합계	1,830,000	합계	90,000	합계	100,000
총합계	3,300,000						

NOTE

자산 및 부채 현황(작성 방법)

항목		자산 현황	부채 현황	순자기자본
자산 현황	1. 금융 자산			
	1) 현금	700,000		
	2) 저축예금(적금) 1			
	기타예금 2			
	3) 주식 & 채권			
	4) 보험료(불입액)	5,000,000		
	5) 저축성 보험	4,000,000		
	기타 1			
	기타 2			
	2. 비금융성 자산			
	1) 주택			
	2) 토지			
	3) 자동차	4,500,000		
	4) 전세금(임차보증금)			
	5) 대여금(타인에게 대출)	30,000,000		
	6) 가구, 가전, 보석(현금화 가능한 것) 등			
	7) 퇴직금			
	기타 1			
	기타 2			
	기타 3			
	자산 총액	44,200,000		
부채 현황	개인 부채 / 1) 은행 담보대출(부동산 포함)			
	2) 은행 신용대출			
	3) 카드 대출			
	미결제 할부 1			
	미결제 할부 2			
	4) 친인척 차입금			
	5) 개인 사채			
	6) 자동차 할부			
	7) 교육 융자금			
	8) 주택 담보 융자금			
	기타 부채 1(보험약관대출)		3,000,000	
	기타 부채 2			
	사업부채 / 부채 1		40,000,000	
	부채 2		30,000,000	
	부채 3		20,000,000	
	기타 부채 / 빚보증 / 보증 1			
	보증 2			
	보증 3			
	기타 1			
	기타 2			
	부채 총액		93,000,000	
	순자산 합계(자산 – 부채)			- 48,800,000

SAMPLE

NOTE

부채 상환 우선순위 및 상환 실행계획(작성 방법)

항목	부채 항목 및 금액					순위	부채 상환 계획		
	채권자 및 부채 종류	부채 잔액	상환일	이자율	체납수		상환 방법	목표 금액	목표 시한
1	○○은행(집 융자) 최초 5억	3억	6/20	4.5%	×	1	○○카드(현금 서비스) 7,000,000 → 급여에서 상환	1,000,000	7개월
2	○○은행(할부카드) 3건 - 옷, 시계, 가전제품	(매월 500,000) 3,000,000	6/25	8.9%	×	2	○○은행(할부카드) 3,000,000 오늘부터 카드는 절대 안 쓴다. 급여에서 매달 갚는다	500,000	6개월
3	○○카드(현금서비스) 7,000,000	6,000,000	6/25	18%	×	3	○○은행(집 융자) 3억 매매하고 전세로 간다	매매 - 5억 빚 - 3억 차액 - 2억	최대한 빨리
4	개인1 - 2,000,000 개인2 - 5,000,000	5,000,000	6/30	10%	이자 체납 2회	4	개인1 - 2,000,000 개인2 - 5,000,000 이자 탕감을 요청하고 원금부터 갚는 것으로 협의		협의 중

SAMPLE

부채 상환 우선순위 결정 기준

1. 먼저 우선순위를 결정하고 순위별로 부채 상환 전략을 마련해야 합니다.
2. 부채 상환 전략은 구체적인 방법이 있어야 합니다.
3. 부채 상환 우선순위

   ① 긴급한 것을 우선시한다
   ② 이자율이 높은 것을 우선시한다(카드론과 카드 현금서비스)
   ③ 부채가 적은 것을 우선시한다
   ④ 위험한 빚(압류, 경매 등)
   ⑤ 금융권 이자가 높은 순서로 갚는다(2금융권 → 1금융권)
   ⑥ 개인과 지인의 부채

부채 상환 전략

1. 경비 절감을 통한 저축
2. 재산 매각을 통한 자금 마련
3. 소득 증대(부업과 아르바이트 등)
4. 채권자와의 협상을 통한 부채 탕감
5. 조건이 좋은 다른 부채를 통해 악성 부채 상황 완화

※ 악성 부채: 이자가 높고, 긴급하고, 채무 불이행시 타격이 큰 부채

NOTE

살아내자! 살아내자! 살아내자! 프로젝트

부자는 가난한 자를 주관하고 빚진 자는 채주의 종이 되느니라 잠 22:7

말씀 강의

잠 6:1 내 아들아 네가 만일 이웃을 위하여 담보하며 타인을 위하여 보증하였으면,

잠 6:2 네 입의 말로 네가 얽혔으며 네 입의 말로 인하여 잡히게 되었느니라

➡ 내 아들아~빚졌다면 잡히게 되었다는 말씀이다.

잠 6:3 내 아들아 네가 네 이웃의 손에 빠졌은즉 이같이 하라 너는 곧 가서 겸손히 네 이웃에게 간구하여 스스로 구원하되

잠 6:4 네 눈을 잠들게 하지 말며 눈꺼풀을 감기게 하지 말고

➡ 내 아들아~빚졌다면 ①스스로 구원하라.
　　　　　　　　　②부지런하라. 이것이 하나님의 빚 갚는 재정 원칙이다.

잠 6:5 노루가 사냥꾼의 손에서 벗어나는 것 같이, 새가 그물 치는 자의 손에서 벗어나는 것 같이 스스로 구원하라

잠 6:6 게으른 자여 개미에게 가서 그가 하는 것을 보고 지혜를 얻으라

➡ 빚졌다면 사냥꾼의 손에 잡힌 노루 신세이고, 그물 치는 자의 손에 걸린 새의 신세라는 것이다.
영향력을 발휘하는 삶을 살지 못한다는 것이다.

> 우리가 할 수 있는 최선의 1 목숨 건 탈출을 시도해야 한다.
> $$0 \times 1억 = 0$$
> $$1 \times 1억 = 1억$$

빚 갚는 전략

1. 오늘부터 더 이상 빚지지 않는다.
2. 오늘부터 당장 빚 갚기 시작한다(1만원 부터)
3. 이 물건이 나에게 꼭 필요한가? 3번 질문한다.
   (충동구매, 불필요한 지출을 막아준다)
4. 반드시 수입이 많게 구조 조정한다.
   수입 〉 지출

*이것이 내가 해야하는 최선의 "1"이다

NOTE

현재 내가 해결해야 하는 과제들은 무엇이 있는가?
(생각나는 대로 적어본다.)

1. 당면 과제 생각하기
   나의 삶의 비전(목표)으로 가는 데 있어서 지금 내게 당면한 과제 중 반드시 달성해야 하는 건 무엇
   인가?(1-2가지 과제 선정 : 절대 무리한 계획 안됨)

2. 당면 과제의 전략 수립하기
   내가 4주간 달성해야 하는 구체적인 방법은 무엇인가?

3. 전략을 위한 구체적 실행방안 수립하기

4. 실행방안 자가 평가하기
   나는 다음의 일들에 최선을 다했는가?
   매일 자가 평가를 하고 4주간 평점을 낸다(0-10점).

예시1) 빛 있는 경우

: 훈련하는 6개월 동안 계획하는 월간 목표 과제가 달라질 수 있다.

현재 내가 해결해야 하는 과제들은 무엇인가?(생각나는 대로 적기)

예) 빛 갚기 | 저축하기 | 하늘은행 통장 | 말씀의 적용 및 충분한 영적 공급(말씀, 기도, 묵상) | 새로운 것 배우기 | 친구와 가족에게 연락하기

1. 당면 과제 생각하기

   나의 삶의 비전(목표)으로 가는 데 있어서 당면한 과제 중 반드시 달성해야 하는 건 무엇인가?(1-2가지 과제 선정 : 절대 무리한 계획 안됨)

   – 빛 갚기(4주간 갚을 금액 정하기)

2. 빛 갚기 위한 전략 수립하기

   내가 4주간 달성해야 하는 구체적인 방법은 무엇인가?

   – 장보기 | 외식 1개월에 1번 | 아르바이트 하기 등

3. 전략을 위한 구체적 실행방안 수립하기

   – 장보기(1주일/5만 원) | 외식(1개월/1번) | 경조사비 겸손하게 | 하늘은행 통장

4. 실행방안 자가 평가하기

   나는 다음의 일들에 최선을 다했는가? 매일 자가 평가를 하고 4주 후 평점을 낸다(0-10점).

빚 있는 경우 – (   )월 주간 / 월간 평가표

* 점수는 실행 정도에 따라 자가 평가 : 0–10점(지출/섬김 기준 : 최선의 지출/섬김이었는가?)

나는 다음의 일들에 최선을 다했는가?			1주차	2주차	3주차	4주차	5주차	월간 평가
빚 갚기	장보기 (1주일/5만 원)		10	10	10	10	10	50
	외식 (1개월/1번)		10	10	10	10	10	50
	경조사비 (겸손)	금액	×	100,000	50,000	×	×	150,000
		점수	10	10	10	10	10	50
	추가수입 확보	금액	5,000	100,000	30,000	3,000	20,000	158,000
		점수	10	10	10	10	10	50
	재정 강의 듣기		10	10	10	10	10	50
	《왕의 재정》 정독		10	10	10	10	10	50
저축하기	최선의 저축	금액	500,000	3,000	5,000	100,000	7,500	615,500
		점수	10	10	10	10	10	50
하늘은행 통장	좋은 땅에 최선을 다해 심자	금액	5,500	30,000	120,000	12,000	10,000	177,500
		점수	10	10	10	10	10	50
영적 공급	말씀(15장)		10	10	10	10	10	50
	기도(1시간)		10	10	10	10	10	50
	묵상		10	10	10	10	10	50
	새벽기도		10	10	10	10	10	50
자녀 영적 훈련	함께 성경통독		10	10	10	10	10	50
가족 내 믿음의 교제	식사 시간 교제		10	10	10	10	10	50
가족 외 교제	안부, 격려, 위로		10	10	10	10	10	50

예시2) 빚 없는 경우

: 훈련하는 6개월 동안 계획하는 월간 목표 과제가 달라질 수 있다.

현재 내가 해결해야 하는 과제들은 무엇인가?(생각나는 대로 적기)

예) 성부 되기 | 저축하기 | 영적 생활 점검 | 건강 생활 | 독서 | 어학 | 자녀에게 믿음의 교육 | 친구와 가족에게 연락하기

1. 당면 과제 생각하기

   나의 삶의 비전(목표)으로 가는 데 있어서 당면한 과제 중 반드시 달성해야 하는 건 무엇인가?(1-2가지

   과제 선정 : 절대 무리한 계획 안됨)

   – 성부 되기 | 건강 생활

2. 성부가 되기 위한 전략 수립하기 (당면 과제의 전략 수립)

   내가 4주간 달성해야 하는 구체적인 방법은 무엇인가?

   – 성부 되기 | 저축하기 | 하늘은행 통장 적립하기

3. 성부가 되기 위한 구체적 실행방안 수립하기

   – 장보기, 외식(겸손에 근거한 계획) | 성부의 목적인 성빈 섬기기

   – 재정 강의 듣기로 훈련 지속하기 | 《왕의 재정》 읽기로 성부에 대한 도전 훈련하기

4. 실행방안 자가 평가하기

   나는 다음의 일들에 최선을 다했는가? 매일 자가 평가를 하고 4주 후 평점을 낸다 (0-10점).

빚 없는 경우 – (   )월 주간 / 월간 평가표

* 점수는 실행 정도에 따라 자가 평가 : 0–10점(지출/섬김 기준 : 최선의 지출/섬김이었는가?)

나는 다음의 일들에 최선을 다했는가?			1주차	2주차	3주차	4주차	5주차	월간 평가
성부 되기	장보기 (1주일/8만 원)		10	10	10	10	10	50
	외식(겸손하게)		10	10	10	10	10	50
	성빈 섬기기	금액	200,000	100,000	0	50,000	0	350,000
		점수	10	10	10	10	10	50
	재정 강의 듣기		10	10	10	10	10	50
	《왕의 재정》 정독		10	10	10	10	10	50
	사업 지략(주께 항상 묻고 진행하기)		10	10	10	10	10	50
저축하기	최선의 저축	금액	200,000	500,000	900,000	10,000	30,000	1,640,000
		점수	10	10	10	10	10	50
하늘은행 통장	좋은 땅에 최선을 다해 심자	금액	80,000	100,000	110,000	7,000	13,000	310,000
		점수	10	10	10	10	10	50
영적 공급	말씀(15장)		10	10	10	10	10	50
	기도(1시간)		10	10	10	10	10	50
	묵상		10	10	10	10	10	50
	새벽기도		10	10	10	10	10	50
건강 생활	매일 운동 1시간		10	10	10	10	10	50
어학	하루 / 1시간		10	10	10	10	10	50
독서	1주 / 1권		10	10	10	10	10	50
자녀 영적 훈련	말씀, 기도, 훈련		10	10	10	10	10	50
가족 내 믿음의 교제	식사 시간 교제		10	10	10	10	10	50
가족 외 교제	안부, 격려, 위로		10	10	10	10	10	50

1개월 차 실행서

즉시! 온전히! 기쁘게! 나도 할 수 있다!

네 하느님 여호와를 기억하라 그가 재물 얻을 능력을 주셨음이라
이같이 하심은 네 조상들에게 맹세하신 언약을 오늘과 같이 이루려 하심이니라(신 8:18)

현재 내가 해결해야 하는 과제들은 무엇이 있는가?

(생각나는 대로 적어본다.)

1. 당면 과제 생각하기

   나의 삶의 비전(목표)으로 가는 데 있어서 지금 내게 당면한 과제 중 반드시 달성해야 하는 건 무엇

   인가?(1-2가지 과제 선정 : 절대 무리한 계획 안됨)

2. 당면 과제의 전략 수립하기

   내가 4주간 달성해야 하는 구체적인 방법은 무엇인가?

3. 전략을 위한 구체적 실행방안 수립하기

4. 실행방안 자가 평가하기

   나는 다음의 일들에 최선을 다했는가?

   매일 자가 평가를 하고 4주간 평점을 낸다(0-10점).

예시1) 빚 있는 경우

: 훈련하는 6개월 동안 계획하는 월간 목표 과제가 달라질 수 있다.

현재 내가 해결해야 하는 과제들은 무엇인가?(생각나는 대로 적기)

예) 빚 갚기 | 저축하기 | 하늘은행 통장 | 말씀의 적용 및 충분한 영적 공급(말씀, 기도, 묵상) | 새로운 것 배우기 | 친구와 가족에게 연락하기

1. 당면 과제 생각하기

나의 삶의 비전(목표)으로 가는 데 있어서 당면한 과제 중 반드시 달성해야 하는 건 무엇인가?(1-2가지 과제 선정 : 절대 무리한 계획 안됨)

– 빚 갚기(4주간 갚을 금액 정하기)

2. 빚 갚기 위한 전략 수립하기

내가 4주간 달성해야 하는 구체적인 방법은 무엇인가?

– 장보기 | 외식 1개월에 1번 | 아르바이트 하기 등

3. 전략을 위한 구체적 실행방안 수립하기

– 장보기(1주일/5만 원) | 외식(1개월/1번) | 경조사비 겸손하게 | 하늘은행 통장

4. 실행방안 자가 평가하기

나는 다음의 일들에 최선을 다했는가? 매일 자가 평가를 하고 4주 후 평점을 낸다(0-10점).

빚 있는 경우 – (   )월 주간 / 월간 평가표

* 점수는 실행 정도에 따라 자가 평가 : 0–10점(지출/섬김 기준 : 최선의 지출/섬김이었는가?)

나는 다음의 일들에 최선을 다했는가?		1주차	2주차	3주차	4주차	5주차	월간 평가
빚 갚기	장보기 (1주일/5만 원)						
	외식 (1개월/1번)						
	경조사비 (겸손)	금액						
		점수						
	추가수입 확보	금액						
		점수						
	재정 강의 듣기						
	《왕의 재정》 정독						
저축하기	최선의 저축	금액						
		점수						
하늘은행 통장	좋은 땅에 최선을 다해 심자	금액						
		점수						
영적 공급	말씀(15장)						
	기도(1시간)						
	묵상						
	새벽기도						
자녀 영적 훈련	함께 성경통독						
가족 내 믿음의 교제	식사 시간 교제						
가족 외 교제	안부, 격려, 위로						

예시2) 빚 없는 경우

: 훈련하는 6개월 동안 계획하는 월간 목표 과제가 달라질 수 있다.

현재 내가 해결해야 하는 과제들은 무엇인가?(생각나는 대로 적기)

예) 성부 되기 | 저축하기 | 영적 생활 점검 | 건강 생활 | 독서 | 어학 | 자녀에게 믿음의 교육 | 친구와 가족에게 연락하기

1. 당면 과제 생각하기

나의 삶의 비전(목표)으로 가는 데 있어서 당면한 과제 중 반드시 달성해야 하는 건 무엇인가?(1-2가지 과제 선정 : 절대 무리한 계획 안됨)

– 성부 되기 | 건강 생활

2. 성부가 되기 위한 전략 수립하기 (당면 과제의 전략 수립)

내가 4주간 달성해야 하는 구체적인 방법은 무엇인가?

– 성부 되기 | 저축하기 | 하늘은행 통장 적립하기

3. 성부가 되기 위한 구체적 실행방안 수립하기

– 장보기, 외식(겸손에 근거한 계획) | 성부의 목적인 성빈 섬기기

– 재정 강의 듣기로 훈련 지속하기 |《왕의 재정》읽기로 성부에 대한 도전 훈련하기

4. 실행방안 자가 평가하기

나는 다음의 일들에 최선을 다했는가? 매일 자가 평가를 하고 4주 후 평점을 낸다(0-10점).

빚 없는 경우 – (   )월 주간 / 월간 평가표

* 점수는 실행 정도에 따라 자가 평가 : 0-10점(지출/섬김 기준 : 최선의 지출/섬김이었는가?)

나는 다음의 일들에 최선을 다했는가?			1주차	2주차	3주차	4주차	5주차	월간 평가
성부 되기	장보기 (1주일/8만 원)							
	외식(겸손하게)							
	성빈 섬기기	금액						
		점수						
	재정 강의 듣기							
	《왕의 재정》 정독							
	사업 지략(주께 항상 묻고 진행하기)							
저축하기	최선의 저축	금액						
		점수						
하늘은행 통장	좋은 땅에 최선을 다해 심자	금액						
		점수						
영적 공급	말씀(15장)							
	기도(1시간)							
	묵상							
	새벽기도							
건강 생활	매일 운동 1시간							
어학	하루 / 1시간							
독서	1주 / 1권							
자녀 영적 훈련	말씀, 기도, 훈련							
가족 내 믿음의 교제	식사 시간 교제							
가족 외 교제	안부, 격려, 위로							

2개월 차 실행서

즉시! 온전히! 기쁘게! 나도 할 수 있다!

네 하느님 여호와를 기억하라 그가 재물 얻을 능력을 주셨음이라
이같이 하심은 네 조상들에게 맹세하신 언약을 오늘과 같이 이루려 하심이니라 (신 8:18)

나의 살아내기 4주 프로젝트

현재 내가 해결해야 하는 과제들은 무엇이 있는가?

(생각나는 대로 적어본다.)

1. 당면 과제 생각하기

   나의 삶의 비전(목표)으로 가는 데 있어서 지금 내게 당면한 과제 중 반드시 달성해야 하는 건 무엇

   인가?(1-2가지 과제 선정 : 절대 무리한 계획 안됨)

2. 당면 과제의 전략 수립하기

   내가 4주간 달성해야 하는 구체적인 방법은 무엇인가?

3. 전략을 위한 구체적 실행방안 수립하기

4. 실행방안 자가 평가하기

   나는 다음의 일들에 최선을 다했는가?

   매일 자가 평가를 하고 4주간 평점을 낸다(0-10점).

예시1) 빚 있는 경우

: 훈련하는 6개월 동안 계획하는 월간 목표 과제가 달라질 수 있다.

현재 내가 해결해야 하는 과제들은 무엇인가?(생각나는 대로 적기)

예) 빚 갚기 | 저축하기 | 하늘은행 통장 | 말씀의 적용 및 충분한 영적 공급(말씀, 기도, 묵상) | 새로운 것 배우기 | 친구와 가족에게 연락하기

1. 당면 과제 생각하기

나의 삶의 비전(목표)으로 가는 데 있어서 당면한 과제 중 반드시 달성해야 하는 건 무엇인가?(1–2가지 과제 선정 : 절대 무리한 계획 안됨)

　– 빚 갚기(4주간 갚을 금액 정하기)

2. 빚 갚기 위한 전략 수립하기

내가 4주간 달성해야 하는 구체적인 방법은 무엇인가?

　– 장보기 | 외식 1개월에 1번 | 아르바이트 하기 등

3. 전략을 위한 구체적 실행방안 수립하기

　– 장보기(1주일/5만 원) | 외식(1개월/1번) | 경조사비 겸손하게 | 하늘은행 통장

4. 실행방안 자가 평가하기

나는 다음의 일들에 최선을 다했는가? 매일 자가 평가를 하고 4주 후 평점을 낸다(0-10점).

빚 있는 경우 – (   )월 주간 / 월간 평가표

* 점수는 실행 정도에 따라 자가 평가 : 0–10점(지출/섬김 기준 : 최선의 지출/섬김이었는가?)

나는 다음의 일들에 최선을 다했는가?			1주차	2주차	3주차	4주차	5주차	월간 평가
빚 갚기	장보기 (1주일/5만 원)							
	외식 (1개월/1번)							
	경조사비 (겸손)	금액						
		점수						
	추가수입 확보	금액						
		점수						
	재정 강의 듣기							
	《왕의 재정》 정독							
저축하기	최선의 저축	금액						
		점수						
하늘은행 통장	좋은 땅에 최선을 다해 심자	금액						
		점수						
영적 공급	말씀(15장)							
	기도(1시간)							
	묵상							
	새벽기도							
자녀 영적 훈련	함께 성경통독							
가족 내 믿음의 교제	식사 시간 교제							
가족 외 교제	안부, 격려, 위로							

예시2) 빚 없는 경우

: 훈련하는 6개월 동안 계획하는 월간 목표 과제가 달라질 수 있다.

현재 내가 해결해야 하는 과제들은 무엇인가?(생각나는 대로 적기)

예) 성부 되기 ┃ 저축하기 ┃ 영적 생활 점검 ┃ 건강 생활 ┃ 독서 ┃ 어학 ┃ 자녀에게 믿음의 교육 ┃ 친구와
가족에게 연락하기

1. 당면 과제 생각하기

나의 삶의 비전(목표)으로 가는 데 있어서 당면한 과제 중 반드시 달성해야 하는 건 무엇인가?(1-2가지 과
제 선정 : 절대 무리한 계획 안됨)

– 성부 되기 ┃ 건강 생활

2. 성부가 되기 위한 전략 수립하기 (당면 과제의 전략 수립)

내가 4주간 달성해야 하는 구체적인 방법은 무엇인가?

– 성부 되기 ┃ 저축하기 ┃ 하늘은행 통장 적립하기

3. 성부가 되기 위한 구체적 실행방안 수립하기

– 장보기, 외식(겸손에 근거한 계획) ┃ 성부의 목적인 성빈 섬기기
– 재정 강의 듣기로 훈련 지속하기 ┃《왕의 재정》 읽기로 성부에 대한 도전 훈련하기

4. 실행방안 자가 평가하기

나는 다음의 일들에 최선을 다했는가? 매일 자가 평가를 하고 4주 후 평점을 낸다(0-10점).

빚 없는 경우 – (　　)월 주간 / 월간 평가표

* 점수는 실행 정도에 따라 자가 평가 : 0-10점(지출/섬김 기준 : 최선의 지출/섬김이었는가?)

나는 다음의 일들에 최선을 다했는가?			1주차	2주차	3주차	4주차	5주차	월간 평가
성부 되기	장보기 (1주일/8만 원)							
	외식(겸손하게)							
	성빈 섬기기	금액						
		점수						
	재정 강의 듣기							
	《왕의 재정》 정독							
	사업 지략(주께 항상 묻고 진행하기)							
저축하기	최선의 저축	금액						
		점수						
하늘은행 통장	좋은 땅에 최선을 다해 심자	금액						
		점수						
영적 공급	말씀(15장)							
	기도(1시간)							
	묵상							
	새벽기도							
건강 생활	매일 운동 1시간							
어학	하루 / 1시간							
독서	1주 / 1권							
자녀 영적 훈련	말씀, 기도, 훈련							
가족 내 믿음의 교제	식사 시간 교제							
가족 외 교제	안부, 격려, 위로							

3개월 차 실행서

즉시! 온전히! 기쁘게! 나도 할 수 있다!

네 하느님 여호와를 기억하라 그가 재물 얻을 능력을 주셨음이라
이같이 하심은 네 조상들에게 맹세하신 언약을 오늘과 같이 이루려 하심이니라 (신 8:18)

나의 살아내기 4주 프로젝트

현재 내가 해결해야 하는 과제들은 무엇이 있는가?

(생각나는 대로 적어본다.)

1. 당면 과제 생각하기

나의 삶의 비전(목표)으로 가는 데 있어서 지금 내게 당면한 과제 중 반드시 달성해야 하는 건 무엇

인가?(1-2가지 과제 선정 : 절대 무리한 계획 안됨)

2. 당면 과제의 전략 수립하기

내가 4주간 달성해야 하는 구체적인 방법은 무엇인가?

3. 전략을 위한 구체적 실행방안 수립하기

4. 실행방안 자가 평가하기

나는 다음의 일들에 최선을 다했는가?

매일 자가 평가를 하고 4주간 평점을 낸다(0-10점).

예시1) 빛 있는 경우

: 훈련하는 6개월 동안 계획하는 월간 목표 과제가 달라질 수 있다.

현재 내가 해결해야 하는 과제들은 무엇인가?(생각나는 대로 적기)

예) 빚 갚기 | 저축하기 | 하늘은행 통장 | 말씀의 적용 및 충분한 영적 공급(말씀, 기도, 묵상) | 새로운 것 배우기 | 친구와 가족에게 연락하기

1. 당면 과제 생각하기

나의 삶의 비전(목표)으로 가는 데 있어서 당면한 과제 중 반드시 달성해야 하는 건 무엇인가?(1-2가지 과제 선정 : 절대 무리한 계획 안됨)

– 빚 갚기(4주간 갚을 금액 정하기)

2. 빚 갚기 위한 전략 수립하기

내가 4주간 달성해야 하는 구체적인 방법은 무엇인가?

– 장보기 | 외식 1개월에 1번 | 아르바이트 하기 등

3. 전략을 위한 구체적 실행방안 수립하기

– 장보기(1주일/5만 원) | 외식(1개월/1번) | 경조사비 겸손하게 | 하늘은행 통장

4. 실행방안 자가 평가하기

나는 다음의 일들에 최선을 다했는가? 매일 자가 평가를 하고 4주 후 평점을 낸다(0-10점).

빚 있는 경우 – ( )월 주간 / 월간 평가표

* 점수는 실행 정도에 따라 자가 평가 : 0–10점(지출/섬김 기준 : 최선의 지출/섬김이었는가?)

나는 다음의 일들에 최선을 다했는가?			1주차	2주차	3주차	4주차	5주차	월간 평가
빚 갚기	장보기 (1주일/5만 원)							
	외식 (1개월/1번)							
	경조사비 (겸손)	금액						
		점수						
	추가수입 확보	금액						
		점수						
	재정 강의 듣기							
	《왕의 재정》 정독							
저축하기	최선의 저축	금액						
		점수						
하늘은행 통장	좋은 땅에 최선을 다해 심자	금액						
		점수						
영적 공급	말씀(15장)							
	기도(1시간)							
	묵상							
	새벽기도							
자녀 영적 훈련	함께 성경통독							
가족 내 믿음의 교제	식사 시간 교제							
가족 외 교제	안부, 격려, 위로							

예시2) 빚 없는 경우

: 훈련하는 6개월 동안 계획하는 월간 목표 과제가 달라질 수 있다.
  현재 내가 해결해야 하는 과제들은 무엇인가?(생각나는 대로 적기)
  예) 성부 되기 | 저축하기 | 영적 생활 점검 | 건강 생활 | 독서 | 어학 | 자녀에게 믿음의 교육 | 친구와
      가족에게 연락하기

1. 당면 과제 생각하기
   나의 삶의 비전(목표)으로 가는 데 있어서 당면한 과제 중 반드시 달성해야 하는 건 무엇인가?(1-2가지
   과제 선정 : 절대 무리한 계획 안됨)

   – 성부 되기 | 건강 생활

2. 성부가 되기 위한 전략 수립하기(당면 과제의 전략 수립)
   내가 4주간 달성해야 하는 구체적인 방법은 무엇인가?
   – 성부 되기 | 저축하기 | 하늘은행 통장 적립하기

3. 성부가 되기 위한 구체적 실행방안 수립하기
   – 장보기, 외식(겸손에 근거한 계획) | 성부의 목적인 성빈 섬기기
   – 재정 강의 듣기로 훈련 지속하기 | 《왕의 재정》 읽기로 성부에 대한 도전 훈련하기

4. 실행방안 자가 평가하기
   나는 다음의 일들에 최선을 다했는가? 매일 자가 평가를 하고 4주 후 평점을 낸다(0-10점).

빚 없는 경우 – (   )월 주간 / 월간 평가표

* 점수는 실행 정도에 따라 자가 평가 : 0-10점(지출/섬김 기준 : 최선의 지출/섬김이었는가?)

나는 다음의 일들에 최선을 다했는가?			1주차	2주차	3주차	4주차	5주차	월간 평가
성부 되기	장보기 (1주일/8만 원)							
	외식(겸손하게)							
	성빈 섬기기	금액						
		점수						
	재정 강의 듣기							
	《왕의 재정》 정독							
	사업 지략(주께 항상 묻고 진행하기)							
저축하기	최선의 저축	금액						
		점수						
하늘은행 통장	좋은 땅에 최선을 다해 심자	금액						
		점수						
영적 공급	말씀(15장)							
	기도(1시간)							
	묵상							
	새벽기도							
건강 생활	매일 운동 1시간							
어학	하루 / 1시간							
독서	1주 / 1권							
자녀 영적 훈련	말씀, 기도, 훈련							
가족 내 믿음의 교제	식사 시간 교제							
가족 외 교제	안부, 격려, 위로							

4개월 차 실행서

즉시! 온전히! 기쁘게! 나도 할 수 있다!

네 하느님 여호와를 기억하라 그가 재물 얻을 능력을 주셨음이라

이같이 하심은 네 조상들에게 맹세하신 언약을 오늘과 같이 이루려 하심이니라(신 8:18)

나의 살아내기 4주 프로젝트

현재 내가 해결해야 하는 과제들은 무엇이 있는가?

(생각나는 대로 적어본다.)

1. 당면 과제 생각하기

   나의 삶의 비전(목표)으로 가는 데 있어서 지금 내게 당면한 과제 중 반드시 달성해야 하는 건 무엇

   인가?(1-2가지 과제 선정 : 절대 무리한 계획 안됨)

2. 당면 과제의 전략 수립하기

   내가 4주간 달성해야 하는 구체적인 방법은 무엇인가?

3. 전략을 위한 구체적 실행방안 수립하기

4. 실행방안 자가 평가하기

   나는 다음의 일들에 최선을 다했는가?

   매일 자가 평가를 하고 4주간 평점을 낸다(0-10점).

예시1) 빚 있는 경우

: 훈련하는 6개월 동안 계획하는 월간 목표 과제가 달라질 수 있다.

현재 내가 해결해야 하는 과제들은 무엇인가?(생각나는 대로 적기)

예) 빚 갚기 | 저축하기 | 하늘은행 통장 | 말씀의 적용 및 충분한 영적 공급(말씀, 기도, 묵상) | 새로운 것 배우기 | 친구와 가족에게 연락하기

1. 당면 과제 생각하기

나의 삶의 비전(목표)으로 가는 데 있어서 당면한 과제 중 반드시 달성해야 하는 건 무엇인가?(1-2가지 과제 선정 : 절대 무리한 계획 안됨)

– 빚 갚기(4주간 갚을 금액 정하기)

2. 빚 갚기 위한 전략 수립하기

내가 4주간 달성해야 하는 구체적인 방법은 무엇인가?

– 장보기 | 외식 1개월에 1번 | 아르바이트 하기 등

3. 전략을 위한 구체적 실행방안 수립하기

– 장보기(1주일/5만 원) | 외식(1개월/1번) | 경조사비 겸손하게 | 하늘은행 통장

4. 실행방안 자가 평가하기

나는 다음의 일들에 최선을 다했는가? 매일 자가 평가를 하고 4주 후 평점을 낸다(0-10점).

빚 있는 경우 – (   )월 주간 / 월간 평가표

* 점수는 실행 정도에 따라 자가 평가 : 0-10점(지출/섬김 기준 : 최선의 지출/섬김이었는가?)

나는 다음의 일들에 최선을 다했는가?			1주차	2주차	3주차	4주차	5주차	월간 평가
빚 갚기	장보기 (1주일/5만 원)							
	외식 (1개월/1번)							
	경조사비 (겸손)	금액						
		점수						
	추가수입 확보	금액						
		점수						
	재정 강의 듣기							
	《왕의 재정》 정독							
저축하기	최선의 저축	금액						
		점수						
하늘은행 통장	좋은 땅에 최선을 다해 심자	금액						
		점수						
영적 공급	말씀(15장)							
	기도(1시간)							
	묵상							
	새벽기도							
자녀 영적 훈련	함께 성경통독							
가족 내 믿음의 교제	식사 시간 교제							
가족 외 교제	안부, 격려, 위로							

예시2) 빚 없는 경우

: 훈련하는 6개월 동안 계획하는 월간 목표 과제가 달라질 수 있다.
 현재 내가 해결해야 하는 과제들은 무엇인가?(생각나는 대로 적기)
 예) 성부 되기 ㅣ 저축하기 ㅣ 영적 생활 점검 ㅣ 건강 생활 ㅣ 독서 ㅣ 어학 ㅣ 자녀에게 믿음의 교육 ㅣ 친구와
    가족에게 연락하기

1. 당면 과제 생각하기
   나의 삶의 비전(목표)으로 가는 데 있어서 당면한 과제 중 반드시 달성해야 하는 건 무엇인가?(1-2가지 과
   제 선정 : 절대 무리한 계획 안됨)
   – 성부 되기 ㅣ 건강 생활

2. 성부가 되기 위한 전략 수립하기 (당면 과제의 전략 수립)
   내가 4주간 달성해야 하는 구체적인 방법은 무엇인가?
   – 성부 되기 ㅣ 저축하기 ㅣ 하늘은행 통장 적립하기

3. 성부가 되기 위한 구체적 실행방안 수립하기
   – 장보기, 외식(겸손에 근거한 계획) ㅣ 성부의 목적인 성빈 섬기기
   – 재정 강의 듣기로 훈련 지속하기 ㅣ《왕의 재정》 읽기로 성부에 대한 도전 훈련하기

4. 실행방안 자가 평가하기
   나는 다음의 일들에 최선을 다했는가? 매일 자가 평가를 하고 4주 후 평점을 낸다(0-10점).

빚 없는 경우 – (   )월 주간 / 월간 평가표

* 점수는 실행 정도에 따라 자가 평가 : 0-10점(지출/섬김 기준 : 최선의 지출/섬김이었는가?)

	나는 다음의 일들에 최선을 다했는가?		1주차	2주차	3주차	4주차	5주차	월간 평가
성부 되기	장보기 (1주일/8만 원)							
	외식(겸손하게)							
	성빈 섬기기	금액						
		점수						
	재정 강의 듣기							
	《왕의 재정》 정독							
	사업 지략(주께 항상 묻고 진행하기)							
저축하기	최선의 저축	금액						
		점수						
하늘은행 통장	좋은 땅에 최선을 다해 심자	금액						
		점수						
영적 공급	말씀(15장)							
	기도(1시간)							
	묵상							
	새벽기도							
건강 생활	매일 운동 1시간							
어학	하루 / 1시간							
독서	1주 / 1권							
자녀 영적 훈련	말씀, 기도, 훈련							
가족 내 믿음의 교제	식사 시간 교제							
가족 외 교제	안부, 격려, 위로							

5개월 차 실행서

즉시! 온전히! 기쁘게! 나도 할 수 있다!

네 하느님 여호와를 기억하라 그가 재물 얻을 능력을 주셨음이라
이같이 하심은 네 조상들에게 맹세하신 언약을 오늘과 같이 이루려 하심이니라(신 8:18)

나의 살아내기 4주 프로젝트

현재 내가 해결해야 하는 과제들은 무엇이 있는가?

(생각나는 대로 적어본다.)

1. 당면 과제 생각하기

   나의 삶의 비전(목표)으로 가는 데 있어서 지금 내게 당면한 과제 중 반드시 달성해야 하는 건 무엇인가?(1-2가지 과제 선성 : 절대 무리한 계획 안됨)

2. 당면 과제의 전략 수립하기

   내가 4주간 달성해야 하는 구체적인 방법은 무엇인가?

3. 전략을 위한 구체적 실행방안 수립하기

4. 실행방안 자가 평가하기

   나는 다음의 일들에 최선을 다했는가?

   매일 자가 평가를 하고 4주간 평점을 낸다(0-10점).

예시1) 빚 있는 경우

: 훈련하는 6개월 동안 계획하는 월간 목표 과제가 달라질 수 있다.

현재 내가 해결해야 하는 과제들은 무엇인가?(생각나는 대로 적기)

예) 빚 갚기 ∣ 저축하기 ∣ 하늘은행 통장 ∣ 말씀의 적용 및 충분한 영적 공급(말씀, 기도, 묵상) ∣ 새로운 것 배우기 ∣ 친구와 가족에게 연락하기

1. 당면 과제 생각하기

나의 삶의 비전(목표)으로 가는 데 있어서 당면한 과제 중 반드시 달성해야 하는 건 무엇인가?(1-2가지 과제 선정 : 절대 무리한 계획 안됨)

– 빚 갚기(4주간 갚을 금액 정하기)

2. 빚 갚기 위한 전략 수립하기

내가 4주간 달성해야 하는 구체적인 방법은 무엇인가?

– 장보기 ∣ 외식 1개월에 1번 ∣ 아르바이트 하기 등

3. 전략을 위한 구체적 실행방안 수립하기

– 장보기(1주일/5만 원) ∣ 외식(1개월/1번) ∣ 경조사비 겸손하게 ∣ 하늘은행 통장

4. 실행방안 자가 평가하기

나는 다음의 일들에 최선을 다했는가? 매일 자가 평가를 하고 4주 후 평점을 낸다(0-10점).

빛 있는 경우 – (   )월 주간 / 월간 평가표

* 점수는 실행 정도에 따라 자가 평가 : 0-10점(지출/섬김 기준 : 최선의 지출/섬김이었는가?)

나는 다음의 일들에 최선을 다했는가?			1주차	2주차	3주차	4주차	5주차	월간 평가
빚 갚기	장보기 (1주일/5만 원)							
	외식 (1개월/1번)							
	경조사비 (겸손)	금액						
		점수						
	추가수입 확보	금액						
		점수						
	재정 강의 듣기							
	《왕의 재정》 정독							
저축하기	최선의 저축	금액						
		점수						
하늘은행 통장	좋은 땅에 최선을 다해 심자	금액						
		점수						
영적 공급	말씀(15장)							
	기도(1시간)							
	묵상							
	새벽기도							
자녀 영적 훈련	함께 성경통독							
가족 내 믿음의 교제	식사 시간 교제							
가족 외 교제	안부, 격려, 위로							

예시2) 빛 없는 경우

: 훈련하는 6개월 동안 계획하는 월간 목표 과제가 달라질 수 있다.

현재 내가 해결해야 하는 과제들은 무엇인가?(생각나는 대로 적기)

예) 성부 되기 | 저축하기 | 영적 생활 점검 | 건강 생활 | 독서 | 어학 | 자녀에게 믿음의 교육 | 친구와 가족에게 연락하기

1. 당면 과제 생각하기

나의 삶의 비전(목표)으로 가는 데 있어서 당면한 과제 중 반드시 달성해야 하는 건 무엇인가?(1-2가지 과제 선정 : 절대 무리한 계획 안됨)

– 성부 되기 | 건강 생활

2. 성부가 되기 위한 전략 수립하기 (당면 과제의 전략 수립)

내가 4주간 달성해야 하는 구체적인 방법은 무엇인가?

– 성부 되기 | 저축하기 | 하늘은행 통장 적립하기

3. 성부가 되기 위한 구체적 실행방안 수립하기

– 장보기, 외식(겸손에 근거한 계획) | 성부의 목적인 성빈 섬기기

– 재정 강의 듣기로 훈련 지속하기 |《왕의 재정》읽기로 성부에 대한 도전 훈련하기

4. 실행방안 자가 평가하기

나는 다음의 일들에 최선을 다했는가? 매일 자가 평가를 하고 4주 후 평점을 낸다(0-10점).

빚 없는 경우 – (　　)월 주간 / 월간 평가표

* 점수는 실행 정도에 따라 자가 평가 : 0–10점(지출/섬김 기준 : 최선의 지출/섬김이었는가?)

나는 다음의 일들에 최선을 다했는가?			1주차	2주차	3주차	4주차	5주차	월간 평가
성부 되기	장보기 (1주일/8만 원)							
	외식(겸손하게)							
	성빈 섬기기	금액						
		점수						
	재정 강의 듣기							
	《왕의 재정》 정독							
	사업 지략(주께 항상 묻고 진행하기)							
저축하기	최선의 저축	금액						
		점수						
하늘은행 통장	좋은 땅에 최선을 다해 심자	금액						
		점수						
영적 공급	말씀(15장)							
	기도(1시간)							
	묵상							
	새벽기도							
건강 생활	매일 운동 1시간							
어학	하루 / 1시간							
독서	1주 / 1권							
자녀 영적 훈련	말씀, 기도, 훈련							
가족 내 믿음의 교제	식사 시간 교제							
가족 외 교제	안부, 격려, 위로							

6개월 차 실행서

즉시! 온전히! 기쁘게! 나도 할 수 있다!

네 하느님 여호와를 기억하라 그가 재물 얻을 능력을 주셨음이라
이같이 하심은 네 조상들에게 맹세하신 언약을 오늘과 같이 이루려 하심이니라(신 8:18)

나의 살아내기 4주 프로젝트

현재 내가 해결해야 하는 과제들은 무엇이 있는가?

(생각나는 대로 적어본다.)

1. 당면 과제 생각하기

   나의 삶의 비전(목표)으로 가는 데 있어서 지금 내게 당면한 과제 중 반드시 달성해야 하는 건 무엇
   인가?(1-2가지 과제 선정 : 절대 무리한 계획 안됨)

2. 당면 과제의 전략 수립하기

   내가 4주간 달성해야 하는 구체적인 방법은 무엇인가?

3. 전략을 위한 구체적 실행방안 수립하기

4. 실행방안 자가 평가하기

   나는 다음의 일들에 최선을 다했는가?

   매일 자가 평가를 하고 4주간 평점을 낸다(0-10점).

예시1) 빚 있는 경우

: 훈련하는 6개월 동안 계획하는 월간 목표 과제가 달라질 수 있다.

현재 내가 해결해야 하는 과제들은 무엇인가?(생각나는 대로 적기)

예) 빚 갚기 | 저축하기 | 하늘은행 통장 | 말씀의 적용 및 충분한 영적 공급(말씀, 기도, 묵상) | 새로운 것 배우기 | 친구와 가족에게 연락하기

1. 당면 과제 생각하기

나의 삶의 비전(목표)으로 가는 데 있어서 당면한 과제 중 반드시 달성해야 하는 건 무엇인가?(1-2가지 과제 선정 : 절대 무리한 계획 안됨)

– 빚 갚기(4주간 갚을 금액 정하기)

2. 빚 갚기 위한 전략 수립하기

내가 4주간 달성해야 하는 구체적인 방법은 무엇인가?

– 장보기 | 외식 1개월에 1번 | 아르바이트 하기 등

3. 전략을 위한 구체적 실행방안 수립하기

– 장보기(1주일/5만 원) | 외식(1개월/1번) | 경조사비 겸손하게 | 하늘은행 통장

4. 실행방안 자가 평가하기

나는 다음의 일들에 최선을 다했는가? 매일 자가 평가를 하고 4주 후 평점을 낸다(0-10점).

빚 있는 경우 – (　　)월 주간 / 월간 평가표

* 점수는 실행 정도에 따라 자가 평가 : 0–10점(지출/섬김 기준 : 최선의 지출/섬김이었는가?)

나는 다음의 일들에 최선을 다했는가?			1주차	2주차	3주차	4주차	5주차	월간 평가
빚 갚기	장보기 (1주일/5만 원)							
	외식 (1개월/1번)							
	경조사비 (겸손)	금액						
		점수						
	추가수입 확보	금액						
		점수						
	재정 강의 듣기							
	《왕의 재정》 정독							
저축하기	최선의 저축	금액						
		점수						
하늘은행 통장	좋은 땅에 최선을 다해 심자	금액						
		점수						
영적 공급	말씀(15장)							
	기도(1시간)							
	묵상							
	새벽기도							
자녀 영적 훈련	함께 성경통독							
가족 내 믿음의 교제	식사 시간 교제							
가족 외 교제	안부, 격려, 위로							

예시2) 빛 없는 경우

: 훈련하는 6개월 동안 계획하는 월간 목표 과제가 달라질 수 있다.
  현재 내가 해결해야 하는 과제들은 무엇인가?(생각나는 대로 적기)
  예) 성부 되기 | 저축하기 | 영적 생활 점검 | 건강 생활 | 독서 | 어학 | 자녀에게 믿음의 교육 | 친구와
     가족에게 연락하기

1. 당면 과제 생각하기
   나의 삶의 비전(목표)으로 가는 데 있어서 당면한 과제 중 반드시 달성해야 하는 건 무엇인가?(1-2가지
   과제 선정 : 절대 무리한 계획 안됨)

   – 성부 되기 | 건강 생활

2. 성부가 되기 위한 전략 수립하기 (당면 과제의 전략 수립)
   내가 4주간 달성해야 하는 구체적인 방법은 무엇인가?
   – 성부 되기 | 저축하기 | 하늘은행 통장 적립하기

3. 성부가 되기 위한 구체적 실행방안 수립하기
   – 장보기, 외식(겸손에 근거한 계획) | 성부의 목적인 성빈 섬기기
   – 재정 강의 듣기로 훈련 지속하기 |《왕의 재정》 읽기로 성부에 대한 도전 훈련하기

4. 실행방안 자가 평가하기
   나는 다음의 일들에 최선을 다했는가? 매일 자가 평가를 하고 4주 후 평점을 낸다(0-10점).

빚 없는 경우 – (   )월 주간 / 월간 평가표

* 점수는 실행 정도에 따라 자가 평가 : 0–10점(지출/섬김 기준 : 최선의 지출/섬김이었는가?)

나는 다음의 일들에 최선을 다했는가?			1주차	2주차	3주차	4주차	5주차	월간 평가
성부 되기	장보기 (1주일/8만 원)							
	외식(겸손하게)							
	성빈 섬기기	금액						
		점수						
	재정 강의 듣기							
	《왕의 재정》 정독							
	사업 지략(주께 항상 묻고 진행하기)							
저축하기	최선의 저축	금액						
		점수						
하늘은행 통장	좋은 땅에 최선을 다해 심자	금액						
		점수						
영적 공급	말씀(15장)							
	기도(1시간)							
	묵상							
	새벽기도							
건강 생활	매일 운동 1시간							
어학	하루 / 1시간							
독서	1주 / 1권							
자녀 영적 훈련	말씀, 기도, 훈련							
가족 내 믿음의 교제	식사 시간 교제							
가족 외 교제	안부, 격려, 위로							

주인 바꾸기(빚 갚기) 프로젝트 돌입

여러분의 최선의 '1'을 하십시오.

하나님은 여러분을 반드시 돕기 시작하십니다.

왜냐하면 우리가 맘몬을 끊고 하나님만 주인으로 섬기길 선택했기 때문입니다.

- 부자는 가난한 자를 주관하고 빚진 자는 채주의 종이 되느니라 잠 22:7
- 너는 사람과 더불어 손을 잡지 말며 남의 빚에 보증을 서지 말라 만일 갚을 것이 네게 없으면
  네 누운 침상도 빼앗길 것이라 네가 어찌 그리하겠느냐 잠 22:26,27

---

1. 반드시 기재한 순서대로 청산합니다.
2. 빚이 하나씩 사라질 때마다 새롭게 부채 상환 실행계획표를 작성합니다.
3. 의욕을 고취시키기 위해 맨 처음 작성한 표는 버리지 말고 눈에 잘 띄는 곳에 붙여놓습니다.

돈의 주인이 되려면
오늘부터 더 이상 빚내지 않는다!
즉시 빚 갚기를 시작한다!
믿음의 예산안으로 산다!

1개월 차 훈련

돈의 주인이 되려면
오늘부터 더 이상 빚내지 않는다!
즉시 빚 갚기를 시작한다!
믿음의 예산안으로 산다!

네 하나님 여호와를 기억하라 그가 네게 재물 얻을 능력을 주셨음이라
이같이 하심은 네 조상들에게 맹세하신 언약을 오늘과 같이 이루려 하심이니라
신명기 8장 18절

보험을 해약하여 빚을 갚다 | 이남희

나는 십일조를 복 받기 위해 했고, 매주 드리는 헌금도 아무 생각 없이 했으며, 닥치는 대로 그때그때 생활했다. 월급을 받으면 항상 카드 지출액과 세금과 공과금으로 전부 나가고 다시 한 달을 카드로 사는 생활이 반복되었다. 누군가 밥을 먹자고 하면 내가 먼저 나서서 냈고 '나중에 어떻게 되겠지'하는 막연한 생각으로 살았다.

재정 강의를 들으면서 이것이 내 교만 때문이라는 것을 알게 되었다. 이런 생활은 결혼하고 나서도 마찬가지였다. 더군다나 결혼 당시 아내는 상상하기 힘든 큰 빚을 지고 있었기에 가정에 큰 부담이 되었다. 어떻게 살아야 하는지 막막해하는 우리에게 주님은 손을 내미셨다.

재정 강의를 듣고서 몇 가지 습관이 생겼다. 지출할 일이 생기면 '이게 예산에 있는 것인가?' 하고 꼭 질문하는 습관이 생겼고, 예산 외에 필요한 것이 생기면 '이게 내게 꼭 필요한 물건인가?' 하고 다시 생각하게 되었다.

이후 하나님은 우리 가정에 많은 변화를 주셨다. 평소 걱정과 두려움이 많던 아내가 과감하게 보험 2개를 해약하여 빚을 갚기 시작했고, 정말 아끼던 책을 팔아서 빚을 갚았다. 또 '하늘은행 통장'에 입출금을 적으면서 하나님의 놀라운 공급하심을 경험하게 되었다. 하나님이 말씀하시는 곳에 적은 재정이지만 흘려보내고 그분의 성품을 드러낼 때 전혀 생각지 못한 방법으로 공급해주심도 경험했다. 놀랍게도 하나님의 음성에 따라 흘려보내는 훈련을 하자 전혀 생각지 않던 곳에서 재정이 흘러들어오기 시작했다.

그전에는 통장에 잔고가 없으면 불안해하며 아내에게 짜증을 내기도 했는데 이제는 더 이상 불안해하지 않는다. 하늘에 계신 아버지께서 우리의 공급자가 되신다는 것을 확신하기 때문이다. 학교에서 들은 말씀처럼 하나님이 내 삶의 진정한 주인이 되시고, 맘몬이 주인이 되지 않도록 삶의 모든 영역 가운데 하나님의 하나님되심을 인정할 것을 다짐한다. 〈왕의 재정학교〉를 허락하신 하나님께 감사와 찬송을 올려드린다.

빚을 즉시 전부 갚으라 | 조병택

〈왕의 재정학교〉를 통해서 목표하는 바 세 가지를 적어냈습니다. 그중 첫 번째는 '하나님과의 친밀감 회복'이었습니다. 무뎌진 영성과 익숙한 일상에서 벗어나 하나님의 세미한 음성을 듣고 그분의 돌보심을 날마다 경험하는 삶, 그리고 가정의 제사장으로 영적 권위를 베푸는 아빠로 다시 서는 것이 가장 절실했습니다. 두 번째는 '빚을 갚는 것'이었고, 세 번째는 '비전'에 관한 문제였습니다. 훈련 기간 동안 하나님과의 친밀감이 회복되었고, 빚도 모두 갚았습니다.

신용카드 기간 부채와 생활비의 부족한 부분을 채워주던 마이너스 통장 문제를 하나님께 들고 나아갔습니다. 이전의 제 생각과는 완전히 다른 것이었습니다. 사실 강의를 들으면서 처음 든 생각은 '조금씩 갚아나가면 되겠지. 그런데 어디서 무엇을 얼마나 줄여야 할까, 얼마나 걸릴까?' 하는 것이었습니다. 그런데 하나님께서 목사님과 간사님을 통해 말씀하신 것은 '즉시 전부 갚으라'는 것이었습니다. 기도하는 중에 생명보험을 해약해서 빚을 갚기로 결정을 했는데, 그 손실액이 1,000만 원이라는 이야기를 듣고 마음이 어려웠습니다.

하지만 하나님께서 주신 음성에 대한 검증과 빚 갚는 방법에 대해 김미진 간사님과의 상담을 마치고 보험을 해약하여 1,700만 원의 빚을 갚았습니다. 선하신 하나님께서는 이 과정에서 우리 가정에 있는 보험 상품 전체를 점검하는 기회를 주셨고, 그 덕분에 2,500만 원 정도 남게 하시는 은혜를 베푸셨습니다. 그래서 그 돈은 마중물 돈과 저축할 돈으로 사용할 수 있었습니다.

하나님의 말씀을 신뢰했지만 그 말씀대로 삶의 방식을 바꾸는 것은 쉽지 않았습니다. 예산안을 짜고 그대로 살아가면서 신용카드 없이 생활하는 것은 어려웠습니다. 카드 대신에 예산 실행 봉투에서 필요만큼의 현금을 꺼내서 생활하다보니 확실히 돈을 덜 쓰게 되었습니다. 그런데 돈과 맘몬으로부터 자유를 선포했음에도 불구하고 점점 인색한 사람이 돼가는 듯해서 마음이 불편했습니다. 그때 홍성건 목사님께서 강의 중에 하신 말씀이 생각났습니다.

"그것이 꼭 필요한 것인가? 지금 필요한 것인가?"

또렷하게 들려온 이 말씀은 돈 때문에 못 사고 안 사는 게 아니라 그것이 내게 꼭 필요한 것인지 또 지금 사야 하는 것인지를 하나님께 묻는 좋은 습관의 계기가 되었습니다.

NOTE

예상 소득원(1개월 차)

년   월   일

단위(원)

항목	날짜	예상 소득		실제 소득	
		예상 수입 내역	예상 입금 내역	실제 수입 내역	실제 입금 내역
근로 소득 1					
근로 소득 2					
근로 소득 3					
상여금					
사업 소득 1					
사업 소득 2					
이자 소득 1					
이자 소득 2					
배당 소득					
신탁기금					
임대소득 1					
임대 소득 2					
실업 급여					
연금					
정부생활 보조금					
장애인 보조금					
용돈					
기타 1					
기타 2					
기타 3					
기타 4					
총계					

NOTE

믿음의 예산안(1개월 차)

월 수입: 원   단위(원)

지출 항목							
의무사항 (35~40%)		필요사항 (50~55%)		좋은 땅(하늘은행) 심고 거두는 것(5~10%)		요망사항 (5~10%)	
항목	금액	항목	금액	항목	금액	항목	금액
합계		합계		합계		합계	
총합계							

※ 실제 소득으로 예산을 편성합니다.

NOTE

자산 및 부채 현황(1개월 차)

항목			자산 현황	부채 현황	순자기자본
자산 현황					
	자산 총액				
부채 현황	개인 부채				
	사업 부채				
	기타 부채	빚 보증			
	기타				
	부채 총액				
	순자산 합계(자산 − 부채)				

부채 상환 우선순위 및 상환 실행계획(1개월 차)

년   월   일

항목	부채 항목 및 금액					순위	부채 상환 계획		
	채권자 및 부채 종류	부채 잔액	상환일	이자율	체납수		상환 방법	목표 금액	목표 시한

오직 하나님만이 나의 주인이십니다.

NOTE

주인 바꾸기 프로젝트 실행(1개월 차)

부채 상환 실행계획 1개월 차를 보며 실제 상환한 내역을 기록합니다.

년   월   일

날짜	부채 종목	부채 금액	이달 상환 금액	남은 금액(회차)	총 부채 누계

나는 반드시 맘몬으로부터 탈출합니다.

NOTE

2개월 차 훈련

돈의 주인이 되려면
오늘부터 더 이상 빚내지 않는다!
즉시 빚 갚기를 시작한다!
믿음의 예산안으로 산다!

그런즉 너희는 먼저 그의 나라와 그의 의를 구하라
그리하면 이 모든 것을 너희에게 더하시리라
마태복음 6장 33절

이제 나는 '남자 김미진'이다 | 김남철

〈왕의 재정학교〉에서 배운 '하늘은행 통장'에 입금하는 것과 높은 이자율로 출금해주시는 하나님을 경험하는 훈련을 시작했다. 지난 한 달간 하늘은행 통장에 입금된 금액은 18만 3,000원이었다. 같은 기간 하나님이 출금하신 금액은 613만 5,300원이었다. 이자율 33.5배, 한 달 동안 통장의 결산 내용이다.

'와, 정말 정확하네. 신기하다. 할렐루야! 나도 이제 남자 김미진이다.'

신기함 반, 놀라움 반으로 그 자리에서 '하나님, 다음 달에는 60배, 그 다음 달에는 100배로 출금해주세요'라고 고백하며 더 많이 심어야겠다고 다짐했다.

사실 NCMN 〈왕의 재정학교〉는 아내의 권유로 시작했다. 하지만 큰 관심은 없었고 그저 좋은 강의를 듣고 오는 정도로만 생각했다. 그동안 나는 매일 충성되게 산다고 하면서도 세상이 주는 두려움과 염려, 그리고 재물에 대한 탐욕을 가지고 살았다. 하나님이 언제쯤 한방으로 내 인생을 역전시키실까 숨죽여 기다리면서….

'하나님, 언제쯤 저를 축복해주실 건가요? 아직도 월세로 살고 있는 걸 아시잖아요. 정말 이러실 수 있으십니까? 뭔가 방법을 좀 주세요.'

매일 이런 심정으로 살았다. 특히 강의 중에서 성부가 되는 방법에 집중했다.

'멋진 성부가 되어야지. 기도와 말씀이 성부의 준비 단계라면 기꺼이 해야지.'

실습이 시작되고 매일 말씀을 묵상하고, 재정의 주인을 바꾸는 빚을 갚는 일에 집중했다. 그러자 하나님께서는 점차 내 마음을 바꾸어가셨다. 부끄러워서 눈물이 흘렀다. 안타까움과 사랑하는 마음으로 나를 보고 계신 예수님의 마음이 느껴졌다.

'주여, 저를 용서하시고, 당신의 사랑을 받는 자로 늘 살게 하옵소서.'

〈왕의 재정학교〉는 내게 하나님의 자녀로서 아버지를 찾는 귀한 시간을 허락한 축복의 학교였다. 하나님의 자녀에게는 돈이 문제가 되지 않는다. 오히려 재정을 비롯한 아버지 집의 모든 것을 다루면서 살아야 한다는 것을 분명히 가르쳐주었다.

내게는 현재 1,110만 원의 빚이 있다. 거의 4년째 이 정도의 빚이 늘 있었지만 별 생각 없이 살았다. 갚아야 한다는 부담만 있었을 뿐…. 하지만 이제는 분명히 안다. 왕의 아들로서 빚은 있을 수 없다는 것을. 그래서 아내와 나는 믿음의 예산을 짜서 매월 157만 원씩 갚기 시작했다.

월급에서 최대한 지출은 줄이고 빚을 갚는 것에 집중해야 한다고 배웠기에 그대로 실천했다. 우리의 계획은 내년까지 빚을 모두 갚는 것이다. 주님께서 축복하실 것을 기대한다. 빚 갚는 것을 넘어서 하나님이 원하시는 통로가 되기를 소망한다.

삶을 포기하고 싶은 순간 만난 재정 강의 | 오주희(가명)

나는 재정 강의를 통해 심은 믿음의 씨앗들을 교회와 사업장에서 잘 키워가고 있다. 2년 전 내게 닥친 고난과 시련은 절망과 고통뿐이었지만 지금은 희망과 행복이 되었다. 시간이 조금씩 지나면서 이 고난은 내게 반드시 필요한 것이며, 이것이 다시 찾아올지라도 감사하며 평안하게 넘길 줄 아는 지혜도 생긴 것 같다.

나는 사업을 하다 엄청난 빚을 지게 되었다. 이로 인해 남편의 급여마저 차압당하며 절망의 끝으로 치달았다. 살던 집은 팔아야 했고, 가족들은 거리로 내몰렸고, 상황은 점점 더 안 좋아지기만 했다. 재정에 문제가 많았던 나를 하나님께서 이끄셔서 재정 강의를 듣게 하신 것은 정말 큰 은혜였다.

이제는 남편과 재정에 관한 모든 것을 상의하고, 통장에 잔고가 없어서 힘들지라도 하나님의 것을 잘 분별하여 드리며, 모든 빚을 땀 흘려 잘 감당해가고 있다. 강의를 통해 배운 성경적 재정 원칙을 삶에서 지키려고 마음을 다잡고 애를 썼다. 그렇게 하나님의 놀라운 은혜로 절반의 빚을 갚았다. 또한 우리의 형편을 채권자에게 정직하게 이야기하고 상의했더니 빚을 탕감해주는 일까지 일어났다.

지금 나는 주님이 주신 달란트를 활용하여 일하고, 남편도 직장에서 신임을 받으며 열심히 일하고 있다. 아직 아이들을 풍족하게 입히고 먹이지는 못하지만, 감사하게도 주눅 들지 않고 밝게 잘 자라고 있다. 필요한 것 이상으로 넉넉하고 풍족하게 채워주시는 하나님을 느끼며 '세상이 이렇게 아름다웠나!' 하는 생각까지 든다. 한때는 세상을 등지고 싶었을 만큼 고통의 연속이었지만 이제는 믿음으로 살 수 있는 영적 근육이 붙은 것 같다. 삶을 포기하고 싶은 그 순간에 재정 강의를 알게 하신 하나님께 감사를 드린다.

예상 소득원(2개월 차)

단위(원)

항목	날짜	예상 소득		실제 소득	
		예상 수입 내역	예상 입금 내역	실제 수입 내역	실제 입금 내역
근로 소득 1					
근로 소득 2					
근로 소득 3					
상여금					
사업 소득 1					
사업 소득 2					
이자 소득 1					
이자 소득 2					
배당 소득					
신탁기금					
임대소득 1					
임대 소득 2					
실업 급여					
연금					
정부생활 보조금					
장애인 보조금					
용돈					
기타 1					
기타 2					
기타 3					
기타 4					
총계					

NOTE

믿음의 예산안(2개월 차)

월 수입:　　　　　원　　　　　　　　　　　　　　　　　　단위(원)

지출 항목							
의무사항 (35~40%)		필요사항 (50~55%)		좋은 땅(하늘은행) 심고 거두는 것(5~10%)		요망사항 (5~10%)	
항목	금액	항목	금액	항목	금액	항목	금액
합계		합계		합계		합계	
총합계							

※ 실제 소득으로 예산을 편성합니다.

NOTE

자산 및 부채 현황(2개월 차)

항목			자산 현황	부채 현황	순자기자본
자산 현황					
	자산 총액				
부채 현황	개인 부채				
	사업 부채				
	기타 부채	빚보증			
		기타			
	부채 총액				
	순자산 합계(자산 – 부채)				

NOTE

부채 상환 우선순위 및 상환 실행계획(2개월 차)

년   월   일

항목	부채 항목 및 금액					순위	부채 상환 계획		
	채권자 및 부채 종류	부채 잔액	상환일	이자율	체납수		상환 방법	목표 금액	목표 시한

오직 하나님만이 나의 주인이십니다.

NOTE

주인 바꾸기 프로젝트 실행(2개월 차)

부채 상환 실행계획 2개월 차를 보며 실제 상환한 내역을 기록합니다.

년　　　월　　　일

날짜	부채 종목	부채 금액	이달 상환 금액	남은 금액(회차)	총 부채 누계

나는 반드시 맘몬으로부터 탈출합니다.

NOTE

3개월 차 훈련

돈의 주인이 되려면
오늘부터 더 이상 빚내지 않는다!
즉시 빚 갚기를 시작한다!
믿음의 예산안으로 산다!

좋은 땅에 있다는 것은
착하고 좋은 마음으로 말씀을 듣고 지키어 인내로 결실하는 자니라
누가복음 8장 15절

주님, 프라이팬이 필요해요 | 조혜윤

나는 '무엇을 먹을까, 마실까, 입을까'를 늘 고민했다. 하나님의 자녀로서 이런 것에서 자유하고 싶었지만 내려놓기가 참 쉽지 않았다. 왜 그렇게 돈에 미련이 생기는지 스스로가 못마땅하면서도 물질에 대한 욕심이 사라지질 않았다.

그러던 중 김미진 간사님의 재정 강의를 접했다. 그 이후 내 안에 '강의를 들었으니 이대로 살아야 하잖아' 하는 두려움과 '이젠 물질에서 자유할 때가 됐어' 하는 마음이 싸우기 시작했다. 그 싸움을 중단시킨 건 남편이 보내온 NCMN 〈왕의 재정학교〉 개강 문자였다. 그런데 등록비가 마음에 걸렸다. 당시 나는 쓸 곳이 있어 하나님께 60만 원 정도의 돈을 구하고 있었는데 남편과 함께 〈왕의 재정학교〉에 등록하려면 오히려 60만 원의 학비를 내야 하니 고민이 이만저만이 아니었다.

'하나님, 정말 너무하시네요. 제가 60만 원을 달라고 했지, 언제 60만 원을 내고 강의를 듣겠다고 했나요?'

그렇게 불만이 있는 채로 〈왕의 재정학교〉에 입학했다. 그리고 다른 사람에게 흘려보내는 플로잉(flowing) 시간과 내 필요를 주님께 구하는 시간에 며칠 전에 주문한 프라이팬이 생각났다. 꼭 필요한 물건이었기에 주문은 했지만 내내 찜찜했다.

하나님은 우리의 공급자라는 말씀이 가슴을 울리며 '그래, 하나님이 내 아빤데 프라이팬 하나 못 주시겠어?' 생각하고는 바로 주문을 취소했다. 그리고는 주님이 내게 프라이팬을 주실 것을 기대했다. 한 주가 거의 지날 무렵 아무 응답도 없자 '프라이팬은 못 받겠구나' 싶었다. 낙담은 됐지만 포기하지 않고 기도했다.

'프라이팬을 제게 주셔서 하나님이 살아계심을 증명해주세요. 앞으로도 계속 재정 원칙대로 살아볼게요. 제게 힘을 주세요.'

학교 2주차가 되어 다른 사람들에게 나눠주라는 말씀을 받고 저마다 물건을 학교로 가져왔고, 나는 그 물건들이 쌓인 곳으로 발걸음을 옮겼다. 하지만 그곳에 프라이팬은 없었다. 심하게 낙심하는 내게 남편이 "다른 방법으로 분명히 주실 거야"라고 위로하며 다시 한 번 둘러보자고 했다. 그런데 아까는 없었던 프라이팬이 떡 하니 있는 것이 아닌가! 눈 앞에 보고도 믿을 수가 없었다.

나는 프라이팬을 들고 엉엉 울었다. 김미진 간사님의 재정 강의에 나오는 설화수의 하나님, 불고기의 하나님이 내게는 프라이팬의 하나님으로 나타나 응원을 보내셨다는 생각이 들었다. 이 경험으로 영적 근육이 만들어지고, 그날 이후 남편과 나는 신용카드를 가위로 자르고 대출해서 구입한 자동차를 팔기로 결정했다. 지극히 작은 것에 충성하는 자에게 큰 것을 맡기신다는 말씀을 마음에 새기며 '하나님이 나를 통해 하고 싶은 일이 있으신데, 그때가 가까웠구나'라는 믿음으로 재물을 다스리는 훈련을 하고 있다.

강의가 끝나고 현장실습 3주차, 빚을 다 갚은 것도 아니고 겨우 신용카드 한 장을 잘랐을 뿐이지만 하나님은 내게 놀라운 선물을 준비하셨다. 친정어머니가 빚으로 어려움을 겪게 된 것이다. 결국 어머니 스스로 하나님을 찾게 하셨고, 친정어머니와 친정 식구들이 겪어야 하는 고통에 마음이 아팠지만 하나님은 이를 통해 물질을 어떻게 다뤄야 하는지를 보게 하셨다. 더불어 친정의 재정 문제 또한 두려움이 아닌 담대함으로 헤쳐나갈 수 있도록 해주셨다.

믿음으로 사는 삶을 살아내며 하나님이 허락하신 큰 축복을 누릴 날을 기대한다. 그리고 이것이 신실하신 하나님의 응답이었다는 것을 간증문을 쓰며 알게 됐다. 나의 '재정학교 워크북'에는 이런 기도가 적혀 있다.

"주님, 작은 돈을 관리하는 충성으로 큰 친정 식구들의 영혼을 구하고 싶어요."

예상 소득원(3개월 차)

년   월   일   단위(원)

항목	날짜	예상 소득		실제 소득	
		예상 수입 내역	예상 입금 내역	실제 수입 내역	실제 입금 내역
근로 소득 1					
근로 소득 2					
근로 소득 3					
상여금					
사업 소득 1					
사업 소득 2					
이자 소득 1					
이자 소득 2					
배당 소득					
신탁기금					
임대소득 1					
임대 소득 2					
실업 급여					
연금					
정부생활 보조금					
장애인 보조금					
용돈					
기타 1					
기타 2					
기타 3					
기타 4					
총계					

NOTE

믿음의 예산안(3개월 차)

월 수입: 원   단위(원)

지출 항목							
의무사항 (35~40%)		필요사항 (50~55%)		좋은 땅(하늘은행) 심고 거두는 것(5~10%)		요망사항 (5~10%)	
항목	금액	항목	금액	항목	금액	항목	금액
합계		합계		합계		합계	
총합계							

※ 실제 소득으로 예산을 편성합니다.

NOTE

자산 및 부채 현황(3개월 차)

항목			자산 현황	부채 현황	순자기자본
자산 현황					
자산 총액					
부채 현황	개인 부채				
	사업 부채				
	기타 부채	빚보증			
	기타				
부채 총액					
순자산 합계(자산 − 부채)					

NOTE

부채 상환 우선순위 및 상환 실행계획(3개월 차)

년   월   일

항목	부채 항목 및 금액					순위	부채 상환 계획		
	채권자 및 부채 종류	부채 잔액	상환일	이자율	체납수		상환 방법	목표 금액	목표 시한

오직 하나님만이 나의 주인이십니다.

NOTE

주인 바꾸기 프로젝트 실행(3개월 차)

부채 상환 실행계획 3개월 차를 보며 실제 상환한 내역을 기록합니다.

년   월   일

날짜	부채 종목	부채 금액	이달 상환 금액	남은 금액(회차)	총 부채 누계

나는 반드시 맘몬으로부터 탈출합니다.

137

4개월 차 훈련

돈의 주인이 되려면
오늘부터 더 이상 빚내지 않는다!
즉시 빚 갚기를 시작한다!
믿음의 예산안으로 산다!

주라 그리하면 너희에게 줄 것이니
곧 후히 되어 누르고 흔들어 넘치도록 하여 너희에게 안겨주리라
너희가 헤아리는 그 헤아림으로 너희도 헤아림을 도로 받을 것이니라
누가복음 6장 38절

빚지지 말고 재정의 주인을 바꿔라!
NCMN 〈왕의 재정학교〉 1기 간증문

재정의 주인을 바꿔라 | 오영은

인터넷으로 재정 강의를 들으며 '빚지지 말고 재정의 주인을 바꿔라'라는 하나님의 명확한 음성을 듣고 NCMN 〈왕의 재정학교〉에 등록했다. 할 수 있다는 마음이 들었고, 강의를 통해 그동안 나를 훈련시키신 하나님의 목적을 알 수 있었다. 또한 강의를 들으며 예배드릴 때마다 그분의 만져주심을 느낄 수 있었다.

지난 일 년간 날 괴롭힌 영적 무기력에서 벗어날 수 있었고, '더 이상 빚지지 말라'라는 하나님의 명령에 즉각 순종하게 했다. 그래서 높은 이자율의 대출을 낮은 금리로 대환하고, 남편의 카드로 받은 대출은 상의하여 정리했다.

학교에서 배운 대로 쓸 용도에 따라 돈을 관리하는 것이 정말 중요하다는 것을 알게 되었다. 쉰을 바라보는 나이지만 더 늦기 전에 돈을 다스릴 수 있게 하신 주님께 감사를 드린다. 5,000원짜리 피자도 예산 목록에 없으면 아이들에게 거절할 수 있는 당당함이 생기고, 짜장면이 먹고 싶다는 남편에게도 안 된다고 할 수 있게 되었다.

시간이 지나도 빚이 또 생기는 요요현상이 일어나지 않도록 믿음의 삶을 재정비하며 마음의 안정감을 소망의 하나님께 두려고 한다. 연약하고 부족한 나를 사랑해주시고, 오래 참아주시고, 늘 함께해주시는 하나님을 찬양한다.

아버지는 하늘은행의 은행장 | 김순녀

'하나님 아버지, 제 모든 소유권을 이전합니다'라는 말은 내게 무척 부담스러웠다. 지금 가진 것을 전부 다 내놓으라고 하실 것 같아서 두려웠다. '노후에는 뭘 먹고 살지?' 가 늘 고민이었다.

주께서 우리에게 10을 주시는데 그중에서 1을 심으면 주님은 30배, 60배, 100배로 채우신단다. 하지만 난 그 말씀을 이해하지 못했다. 내 형편을 계산하기에 바빴고, '아버지

140

를 신뢰한다'는 고백은 언제나 내 삶이 우선되는 다급함 속에서만 나왔다.

그런데 〈왕의 재정학교〉를 통해 내 정체성과 아버지이신 하나님을 알게 되었다. 나는 아버지께 모든 소유권을 이전했다. 좀과 동록이 해하지 않는 하늘은행의 은행장이 되시는 아버지께 맡기고 나니 안심이 됐다. 주님의 청지기로서 재물을 잘 관리하기 위해 그분의 음성을 듣고 재물을 사용하는 방법까지 깨우쳐주시니 감사했다.

빚지는 것을 당연하게 여기며 쓴 카드 빚과 마이너스 통장이 날 맘몬의 영역으로 끌고 갔었는데 이제는 소유주 되시는 아버지의 뜻대로 재물을 쓸 수 있게 됐다. 더 이상 빚지지 않고 오직 믿음으로 재정을 관리하는 삶을 살기로 결단했다.

인색함에서 풍성함으로 | 하동길

나는 하나님께 드리는 것에 무척 인색했다. 하나님을 믿는다고 하지만 맘몬이 내 주인이었다. 십일조는 물론이고 감사 헌금과 여러 헌금도 하지 않았다. 교회 봉사도 하지 않았고, 심지어 주일에 일이 들어오면 예배를 드리지 않고 일을 하기도 했다.

하나님께서는 이런 내 인색한 마음을 〈왕의 재정학교〉를 통해 풀어주셨다. 무엇보다 감사드리는 것은 예배를 회복시켜주셨다는 것이다. 이제는 주일성수와 십일조는 당연하며 감사 헌금과 선교 헌금 등 풍성하게 나눌 수 있는 마음을 허락하셨다.

교회에서 매주 토요일마다 하는 중보기도회에 꼭 참석하고, 성가대에서 찬양으로 하나님의 하나님되심을 찬양한다. 오직 믿음으로 살아내겠다고 결단하고 실천하고 있다.

아내와 상의하여 빚을 갚기 시작하면서 여러 필요한 곳에 재정을 흘려보내게 되었다. 하나님께 드리는 것이 결국은 나를 위한 하나님의 축복이요, 상급을 주시기 위한 큰 계획이라는 것을 훈련을 통해 배웠다. 하나님의 은혜가 얼마나 크고 감사한지…. 나를 변화시키시는 그분을 찬양하고 경배한다. 많은 하나님의 백성들이 이 학교를 통해 변화되고, 내가 누리는 이 기쁨을 함께 누리고 회복하기를 바란다.

NOTE

예상 소득원(4개월 차)

년   월   일   단위(원)

항목	날짜	예상 소득		실제 소득	
		예상 수입 내역	예상 입금 내역	실제 수입 내역	실제 입금 내역
근로 소득 1					
근로 소득 2					
근로 소득 3					
상여금					
사업 소득 1					
사업 소득 2					
이자 소득 1					
이자 소득 2					
배당 소득					
신탁기금					
임대소득 1					
임대 소득 2					
실업 급여					
연금					
정부생활 보조금					
장애인 보조금					
용돈					
기타 1					
기타 2					
기타 3					
기타 4					
총계					

NOTE

믿음의 예산안(4개월 차)

월 수입: 원   단위(원)

지출 항목							
의무사항 (35~40%)		필요사항 (50~55%)		좋은 땅(하늘은행) 심고 거두는 것(5~10%)		요망사항 (5~10%)	
항목	금액	항목	금액	항목	금액	항목	금액
합계		합계		합계		합계	
총합계							

※ 실제 소득으로 예산을 편성합니다.

NOTE

자산 및 부채 현황(4개월 차)

항목			자산 현황	부채 현황	순자기자본
자산 현황					
	자산 총액				
부채 현황	개인 부채				
	사업 부채				
	기타 부채	빚보증			
	기타				
부채 총액					
순자산 합계(자산 – 부채)					

NOTE

부채 상환 우선순위 및 상환 실행계획(4개월 차)

년   월   일

항목	부채 항목 및 금액					순위	부채 상환 계획		
	채권자 및 부채 종류	부채 잔액	상환일	이자율	체납수		상환 방법	목표 금액	목표 시한

오직 하나님만이 나의 주인이십니다.

주인 바꾸기 프로젝트 실행(4개월 차)

부채 상환 실행계획 4개월 차를 보며 실제 상환한 내역을 기록합니다.

년   월   일

날짜	부채 종목	부채 금액	이달 상환 금액	남은 금액(회차)	총 부채 누계

나는 반드시 맘몬으로부터 탈출합니다.

NOTE

5개월 차 훈련

돈의 주인이 되려면
오늘부터 더 이상 빚내지 않는다!
즉시 빚 갚기를 시작한다!
믿음의 예산안으로 산다!

가난한 자를 불쌍히 여기는 것은
여호와께 꾸어 드리는 것이니 그의 선행을 그에게 갚아주시리라
잠언 19장 17절

재정과 관계가 함께 풀리다 | 홍순옥

빚이 있었지만 직장을 그만두게 되었다. 그러다 우연히 김미진 간사님의 재정 강의를 듣게 되었고, 내 경제관념에 큰 문제가 있다는 것을 깨닫게 되었다. 재정 훈련을 하면서 제일 믿음이 없었던 부분은 바로 심고 거두는 법칙의 '하늘은행 통장'이었다. 강의 중에도 훈련비를 못 내고 온 분이 있다는 말에 깜짝 놀랐다. 재정 훈련을 받으면서 어떻게 등록비를 안내고 훈련이 될 수 있는지 의아했다. 심는 건 심어도 거두는 건 어떻게 거두는 건지 이해가 되지 않았기 때문이었다.

그런데 재정 훈련 셋째 주에 내 완고한 사고가 깨졌다. 오전 강의 중에 온 문자 한 통을 보고 한참 울었다. 어느 집사님이 내게 자신의 한 달 월급인 123만 원을 흘려보낸다는 내용이었다. 그 분 역시 어렵게 사시는 것을 알았기에 감당할 수 없는 감정이 밀려왔다. 베드로를 찾아오신 주님에게 '주님, 저는 죄인입니다. 저를 떠나소서'라고 했던 그의 고백이 내 고백이 되었다. 그 사건으로 남편의 마음이 부드러워지는 걸 경험했고, 주님께 붙들린 물질은 생명을 살리고 영혼을 소생케 하는 힘이 있다는 것도 알게 됐다.

우리 가정은 매달 200만 원 정도의 적자가 났다. 그런데 훈련을 받으면서 신용카드를 없애고 현금을 사용하다 보니 지출이 줄어들었고, 한 달 적자가 거의 십분의 일로 줄었다. 수입이 늘어난 것도 아닌데 하나님의 채워가심을 경험하게 되었다. 버는 것도 중요하지만 쓰는 법이 얼마나 중요한지를 더 알게 되는 훈련이었다.

내 모든 환경을 재정비하는 시간이었다. 돈에 대해 알게 하시고, 내가 누구인지, 하나님이 어떤 분이신지 구체적으로 알게 하셨다. 그래서 이전의 나와 훈련 후의 나는 정말 다른 새로운 피조물이 되었다. 결국 남편과의 어려움도, 아이들과의 문제의 뿌리도 돈에 있었다. 재정을 다스리는 훈련을 시작하면서 남편과의 관계가 좋아지고, 아이들과 나 사이에 신뢰가 생긴 것에 감사를 드린다.

부자 우리 아빠 | 김은혜

나는 재정 훈련을 통해 하나님을 '아버지'라고 부를 수 있게 되었다. 또한 진정으로 내 모든 소유권을 하나님께 이전할 수 있게 됐다. 내 것이라고 어리석게 붙잡지 않을 수 있게 되었다. 매달 받는 월급과 집과 가구와 가전제품, 보석과 책과 옷 등 모든 것이 주께로부터 왔으니 다시 돌려드릴 수 있다.

오직 내 만족과 안정감을 하나님께만 둔다. 돈이 필요할 때 은행에 빚지지 않고, 가족과 친구들에게 빌리지 않을 것이다. 어릴 때 항상 돈이 없는 어머니께 뭔가를 달라고 하는 것이 어려웠다. 하지만 이제는 하나님의 딸로서 당당하게 하나님 아버지께 요청할 수 있는 게 참 행복하다. 재정 계획을 세운 대로 빚을 빨리 갚고, 주인을 바꾸고, 하나님만 내 주인되심을 선포할 것이다. 아버지, 사랑합니다!

자동차 보험료를 내주신 하나님 | 정혜익

더 이상 빚지지 않고 믿음으로 사는 삶을 살기로 결단하고 NCMN 〈왕의 재정학교〉에 입학했다. 그런데 훈련 원칙에 따라 예산을 짜던 날부터 난관에 부딪혔다. 지난해에 일어난 교통사고로 90만 원이나 되는 자동차 보험료가 문제였다. 이것은 절약해서 될 게 아니었다.

'하나님도 이해해주실 거야. 이것만 카드로 결제하자. 이번 한 번만.'

타협하고 싶은 마음이 올라왔다. 게다가 턱없이 부족한 생활비를 보고 있으려니 절망스럽고, 비참하고, 두렵기까지 했다. 그런데 그때 하나님께서 말씀하셨다.

'내가 너를 비참하게 하려고 재정학교에 보낸 게 아니라 내가 네 공급자이고, 풍성한 아버지인 것을 경험하게 하기 위해서란다.'

하나님의 음성은 내게 평안을 주었고, 순간 '지금 이 상황이야말로 보이지 않는 세계에서 일하시는 주님을 경험할 수 있는 절호의 기회'라는 기대감이 생겼다. 며칠 뒤 놀라운 방법으로 100만 원을 주심으로 자동차 보험료를 단번에 해결해주셨다.

이 사건은 내 힘으로 사는 게 아니라 하나님을 의지하며 사는 것이 어떤 것인지를 맛보는 계기가 되었고, 내게 큰 용기를 주었다. 이 외에도 하나님은 지혜를 주시고 다양한 통로를 통해 필요들을 공급해주셨다. '하늘은행 통장'을 기록하면서 하나님이 더 기뻐하심을 알게 되었고, 하나님께서 약속을 이행하기 위해 움직이고 계심을 볼 수 있었다.

NOTE

예상 소득원(5개월 차)

년   월   일   단위(원)

항목	날짜	예상 소득		실제 소득	
		예상 수입 내역	예상 입금 내역	실제 수입 내역	실제 입금 내역
근로 소득 1					
근로 소득 2					
근로 소득 3					
상여금					
사업 소득 1					
사업 소득 2					
이자 소득 1					
이자 소득 2					
배당 소득					
신탁기금					
임대소득 1					
임대 소득 2					
실업 급여					
연금					
정부생활 보조금					
장애인 보조금					
용돈					
기타 1					
기타 2					
기타 3					
기타 4					
총계					

NOTE

믿음의 예산안(5개월 차)

월 수입:　　　　　원

지출 항목							
의무사항 (35~40%)		필요사항 (50~55%)		좋은 땅(하늘은행) 심고 거두는 것(5~10%)		요망사항 (5~10%)	
항목	금액	항목	금액	항목	금액	항목	금액
합계		합계		합계		합계	
총합계							

※ 실제 소득으로 예산을 편성합니다.

NOTE

자산 및 부채 현황(5개월 차)

항목			자산 현황	부채 현황	순자기자본
자산 현황					
	자산 총액				
부채 현황	개인 부채				
	사업 부채				
	기타 부채	빚보증			
	기타				
	부채 총액				
	순자산 합계(자산 – 부채)				

부채 상환 우선순위 및 상환 실행계획(5개월 차)

년　　　월　　　일

항목	부채 항목 및 금액					순위	부채 상환 계획		
	채권자 및 부채 종류	부채 잔액	상환일	이자율	체납수		상환 방법	목표 금액	목표 시한

오직 하나님만이 나의 주인이십니다.

NOTE

주인 바꾸기 프로젝트 실행(5개월 차)

부채 상환 실행계획 5개월 차를 보며 실제 상환한 내역을 기록합니다.

년   월   일

날짜	부채 종목	부채 금액	이달 상환 금액	남은 금액(회차)	총 부채 누계

나는 반드시 맘몬으로부터 탈출합니다.

NOTE

6개월 차 훈련

돈의 주인이 되려면
오늘부터 더 이상 빚내지 않는다!
즉시 빚 갚기를 시작한다!
믿음의 예산안으로 산다!

충성된 사자는 그를 보낸 이에게 마치 추수하는 날에 얼음 냉수 같아서
능히 그 주인의 마음을 시원하게 하느니라
잠언 25장 13절

빚지지 말고 재정의 주인을 바꿔라!
NCMN 〈왕의 재정학교〉 1기 간증문

정말 빚을 없앨 수 있다는 소망 | 홍성배

나는 3년 6개월 전에 미국 식품을 수입하는 사업을 시작했다. 하지만 1년 후 동업하던 친구의 투자가 어려워지면서 그동안의 모든 빚을 떠안고 투자금 전액을 갚아주는 조건으로 단독 경영을 하게 되었다. 이듬해에 매출이 460퍼센트나 신장되고, 계속 매출이 늘어나는 은혜가 있었지만 그만큼 은행 대출로 부채도 커지고 있었다. 적자가 계속되고 밑 빠진 독에 물붓는 상황이 반복되었다.

그래도 열심히 하다보면 머지않아 흑자로 전환되고, 그때 모든 부채를 단번에 갚을 수 있으리라고 기대했다. 그래서 직원들이 더 열심히 해주길 바랐고, 어떤 때는 조바심에 그들을 다그치며 몰아붙이기도 했다. 안 그런 척 해도 회사의 주인은 여전히 나였기에 인간적인 생각과 방법으로 사람을 의지했다. 수입 물량이 늘어나면서 신제품을 더 가지고 오려면 자금이 있어야 한다는 생각에 투자자를 찾으려고 동분서주했다. 그래서 매일 지푸라기라도 잡는 심정으로 말씀을 보고 기도했지만 내 속에 고민과 수심은 떠나지 않았다. 이때 아내의 권유로 〈왕의 재정학교〉에 입학하게 되었다.

재정 훈련 중 〈하늘은행 통장〉을 작성하면서부터 모든 쓸 것을 주님께 먼저 물어보고 그분의 음성을 따라 순종하게 되었다. 자연스럽게 크고 작은 상황 앞에서 먼저 하나님의 음성을 들으려고 애쓰게 되었다. 나 역시 하나님의 한방을 기대하며 빚을 한번에 갚을 생각으로 부채 현황을 자세히 알려고도 하지 않았다. 그런데 처음으로 '자산 부채 현황'을 작성하면서 하늘의 문이 열려야 해결될 수 있는 빚인 것을 절감했다. 하지만 그 액수를 구체적으로 정확히 구분하여 알게 되면서 하나님이 하실 것에 대한 믿음과 기대가 생겨났다.

그리고 '믿음의 예산안'을 짜보니 절약을 하면 한 달 예산안에서 저축도 하고 빚도 갚을 수 있다는 것을 알게 되었다. 한 달의 목표가 생기니 아내와 함께 '일일 금전출납부'를 작성하며 함께 절약하려고 노력하게 되었다. 그러면서 우리는 서로 격려하고 위로하면서 새로운 기쁨과 소망을 갖게 되었다.

사용하지 않는 전기 코드는 찾아내어 뽑고, 카드보다는 현금을 사용하고, 점심 메뉴도 가격이 저렴한 것으로 골랐다. 가족들에게는 갑자기 짠돌이가 되었다는 핀잔을 받기도 했다. 하지만 이전까지 내가 얼마나 낭비하며 살았는가를 회개하게 되었다. 아직도 '예산 실행 봉투' 사용이 서툴지만 매일 절약하려고 노력하는 내 모습을 보면서 '나도 믿음으로 빚을 갚을 수 있다'는 소망이 생겼다.

하나님은 지극히 작은 일에 충성하는 마음의 중심을 보시고 반드시 하늘 문을 열어 나를 성부가 되게 하실 것을 믿는다. 따라서 맘몬의 영이 나를 조종하지 않도록 매일 말씀과 기도의 능력 앞에 자아를 복종시키는 훈련을 하려고 한다. 그래서 하나님이 내 주인으로 나를 다스리시도록 그분의 음성에 민감하게 순종하는 삶이 되기를 기도한다. 자신에게는 인색함으로 절약하는 생활을 몸에 익히고, 하나님께는 부요한 자로 음성을 따라 하늘은행 통장에 입금하기를 힘쓸 것이다.

믿음의 예산을 따라 예산 실행 봉투 사용을 철저히 해서 매달 꾸준하게 빚을 갚아 나갈 것이다. 그래서 3년 이내에 개인과 사업상의 모든 빚을 청산하고 빚으로부터의 자유함이 어떤 것인지 깊이 경험하길 원한다. 이로써 맘몬의 영에 사로잡혀 있는 영혼들에게 보이지 않는 세계의 부요함을 증거하는 증인으로 살기를 소망한다.

예상 소득원(6개월 차)

년　　월　　일　　　　　　　　　　　　　　　　　단위(원)

항목	날짜	예상 소득		실제 소득	
		예상 수입 내역	예상 입금 내역	실제 수입 내역	실제 입금 내역
근로 소득 1					
근로 소득 2					
근로 소득 3					
상여금					
사업 소득 1					
사업 소득 2					
이자 소득 1					
이자 소득 2					
배당 소득					
신탁기금					
임대소득 1					
임대 소득 2					
실업 급여					
연금					
정부생활 보조금					
장애인 보조금					
용돈					
기타 1					
기타 2					
기타 3					
기타 4					
총계					

NOTE

믿음의 예산안(6개월 차)

월 수입: 원   단위(원)

지출 항목							
의무사항 (35~40%)		필요사항 (50~55%)		좋은 땅(하늘은행) 심고 거두는 것(5~10%)		요망사항 (5~10%)	
항목	금액	항목	금액	항목	금액	항목	금액
합계		합계		합계		합계	
총합계							

※ 실제 소득으로 예산을 편성합니다.

NOTE

자산 및 부채 현황(6개월 차)

항목			자산 현황	부채 현황	순자기자본
자산 현황					
자산 총액					
부채 현황	개인 부채				
	사업 부채				
	기타 부채	빚보증			
	기타				
부채 총액					
순자산 합계(자산 – 부채)					

NOTE

부채 상환 우선순위 및 상환 실행계획(6개월 차)

년   월   일

항목	부채 항목 및 금액					순위	부채 상환 계획		
	채권자 및 부채 종류	부채 잔액	상환일	이자율	체납수		상환 방법	목표 금액	목표 시한

오직 하나님만이 나의 주인이십니다.

NOTE

주인 바꾸기 프로젝트 실행(6개월 차)

부채 상환 실행계획 6개월 차를 보며 실제 상환한 내역을 기록합니다.

년   월   일

날짜	부채 종목	부채 금액	이달 상환 금액	남은 금액(회차)	총 부채 누계

나는 반드시 맘몬으로부터 탈출합니다.

179

NOTE

소유권 포기 및 이전 계약서

나는 아래 소유물에 대한 소유권을 포기하고 하나님께 이전하기로 서약합니다.

1.	11.
2.	12.
3.	13.
4.	14.
5.	15.
6.	16.
7.	17.
8.	18.
9.	19.
10.	20.

여호와여 위대하심과 권능과 영광과 승리와 위엄이 다 주께 속하였사오니 천지에 있는 것이 다 주의 것이로소이다 여호와여 주권도 주께 속하였사오니 주는 높으사 만유의 머리이심이니이다 부와 귀가 주께로 말미암고 또 주는 만물의 주재가 되사 손에 권세와 능력이 있사오니 모든 자를 크게 하심과 강하게 하심이 주의 손에 있나이다 대상 29:11, 12

청지기 서약서

하나님의 대리인 　　　　　 / 　　　　　 는 하나님의 재산을 하나님의 뜻에 맞게

잘 관리하고 경영하기 위해 성경적 재정 원칙으로 생활할 것을 서약합니다.

맡은 자들에게 구할 것은 충성이니라 고전 4:2
지극히 작은 것에 충성된 자는 큰 것에도 충성되고 지극히 작은 것에 불의한 자는 큰 것에도 불의하니라 눅 16:10

본　인　　　　　　　　　　(인)

배우자　　　　　　　　　　(인)

이 서약서는 　　　　 년 　　 월 　　　 일에 작성되었습니다.

※ 본 증서는 법적인 구속력이 없는 것이며 재산을 이전하는 용도가 아닙니다.

NOTE

| 유산 계획 |

1. 유언 집행자

유언 집행자		주민등록번호	
담당 변호사		주민등록번호	
담당 회계사		주민등록번호	

2. 가족사항

배우자		주민등록번호	
자녀 1		주민등록번호	
자녀 2		주민등록번호	
자녀 3		주민등록번호	

3. 재산과 부채 목록

	구분	소유자	소재지 주소	회사	계좌번호	금액
재산						
부채						

4. 유증(유산 증여)계획

관계	수증자	유증 내역

5. 기부 계획

기부처	기부 내역

날짜: .   .

이름:

서명:

※ 재산과 부채 목록에서 재산 구분에는 부동산과 주식, 예금과 보험, 기타 등으로 분류하여 기록하고
부채 구분에는 금융 부채와 개인 사채 등으로 기록합니다.

NOTE

| 유산 계획 |

1. 유언 집행자

유언 집행자		주민등록번호	
담당 변호사		주민등록번호	
담당 회계사		주민등록번호	

2. 가족사항

배우자		주민등록번호	
자녀 1		주민등록번호	
자녀 2		주민등록번호	
자녀 3		주민등록번호	

3. 재산과 부채 목록

	구분	소유자	소재지 주소	회사	계좌번호	금액
재산						
부채						

4. 유증(유산 증여)계획

관계	수증자	유증 내역

5. 기부 계획

기부처	기부 내역

날짜: .   .

이름:

서명:

※ 재산과 부채 목록에서 재산 구분에는 부동산과 주식, 예금과 보험, 기타 등으로 분류하여 기록하고
　 부채 구분에는 금융 부채와 개인 사채 등으로 기록합니다.

자필 유언장

날짜 :   .   .

이름 :

서명 :

재정에 대해 가장 많이 하는 질문들
Q & A

〈왕의 재정학교〉를 통해 은혜받는 차원을 넘어서서 믿음의 삶을 꼭 살길 바랍니다. 최근에 한 통의 메일을 받았습니다. 재정 원칙을 적용하며 지냈는데 정말 30배, 60배, 100배로 주님께서 배가시키고 있다는 내용이었지요. 또 다른 메일은 교회 전체의 재정 구조를 바꾸었다는 것입니다. 교회가 빚지지 않기를 결정하고, 이웃과 북한과 선교지에 사랑을 흘려보내기로 기쁘게 결정하여 즉시 시행했다고 합니다. 그러자 교인들의 막힌 재정들이 돌파되고, 여러 귀한 간증들이 쏟아지고 있다고 합니다. 이렇듯 배운 대로 적용함으로써 우리의 삶을 바꿀 수 있고, 하나님의 인도하심을 경험할 수 있을 것입니다.

다음은 〈왕의 재정학교〉 훈련 중에 학생들이 가장 많이 했던 질문들입니다. 실천 워크북 사용에 도움이 되길 바랍니다.

질문 1　가정과 회사의 자산과 부채가 섞여 있습니다. 어떻게 해야 합니까?

　가정과 개인회사와 법인회사는 별개로 분리하셔야 합니다. 각각의 자산과 부채의 현황을 파악하고, 모든 장부를 따로 작성해야 합니다. 가정과 회사를 섞어서 계산하면 안됩니다. 하지만 최우선 원칙은 가정이 보호되는 것입니다. 회사를 위해서 가정의 경제를 희생시키면 안됩니다.

질문 2　주택 구입을 위한 주택담보 대출도 빚지는 것인가요?

　주택 구입을 할 때는 자기 자본이 70퍼센트, 대출금이 30퍼센트 미만이면 좋습니다. 그리고 대출금 상환은 3~5년을 넘기지 말아야 합니다. 대출금 장기상환(30년이나 40년)은 아주 좋지 않는 선택입니다. 대출금을 단기로 갚을 수 있는 재정적 상황이 아니라면 주택 구입을 하지 않는 것이 좋습니다. 목돈 마련 저축계획을 세우세요. 장기 주택 구입보다 훨씬 빨리 주택을 구입하실 수 있습니다.

예) 7억 주택을 연 8.5퍼센트로 40년 상환한다고 할 때 자기 자본없이 구입하면, 40년 후에는 주택 가격의 2-3배 정도의 금액으로 구입하는 게 됩니다. 변동금리를 선택하셨다면 IMF 때처럼 금리가 20퍼센트를 넘어갈 수도 있음을 꼭 기억해야 합니다.

질문 3　사업을 위해 대출하거나 국가지원금이나 투자를 받는 것은 무조건 안되나요?

모두 안된다는 것은 아닙니다. 대출과 국가지원금은 자산 대비 50퍼센트를 넘지 않는 것이 좋습니다. 그 이상이 되면 회사의 주인이 바뀝니다. 투자받는 것은 좀 다릅니다. 좋은 프로젝트에 투자자들이 스스로 결정하는 것이기 때문에 회사가 투자자들에게 원금을 몇 퍼센트까지 보장할 것인가에 따라서 투자 받는 금액을 계산해서 투자를 유치할 수 있습니다.

가령 200억 원을 투자 받고 원금 보장이 30퍼센트라고 한다면 그에 해당하는 자산 60억 원은 따로 준비해두어야 합니다. 이는 프로젝트 실패 시에 약속 이행을 위해서입니다. 투자 실패 시 투자자들에게 30퍼센트의 원금 보장을 이행하지 못한다면 사기를 친 것이 됩니다.

질문 4　사업 초기에 토지와 건물을 매입하고 공장을 건축할 때 빚을 내려면 어떻게 해야하나요?

사업을 위해서 토지와 건물과 공장 건축 등 대출 융자 비율이 실제 매매가 가능한 금액의 50퍼센트가 넘으면 주인이 바뀌게 됩니다. 농사를 짓는 분들도 농번기에 막대한 자금이 들어가는 것을 대출에 의지한다면 농사가 잘 되지 않았을 때는 심각한 일들이 발생합니다. 주께서 풍년의 때에 흉년을 대비하라고 말씀하셨습니다.

"부자는 가난한 자를 주관하고 빚진 자는 채주의 종이 되느니라"(잠 22:7)는 말씀이 있습니다. 빚진 자는 채주의 종이 된다고 말씀하셨습니다. 주님만을 주인으로 섬기기를 원하신다면 그분의 방법을 따라야 합니다. 사울 왕은 전쟁에 나가서 나라와 백성을 위해 사무엘이 도착하기 전에 하나님께 제사를 드렸습니다. 사울이 사무엘을 기다릴 수 없었던 진짜 이유는 '두려움' 때문이었습니다. 또 사울 왕은 전리품을 취하지 말고 전체를 불사르라고 명하신 주님의 말씀을 듣지 않고 제사를 드리기 위해 가장 좋은 짐승들을 남기게 됩니다. 그리고 사무엘이 물었을 때 하나님을 위해서 그렇게 했다고 대답합니다. 그러나 진짜 이유는 '백성들이 두려웠다'라고 말씀에 기록되어 있습니다. 그래서 하나님은 그 일을 통해 사울 왕을 버리시기로 결정하셨습니다.

사업도 동일합니다. 주님의 방법으로 할 때 풍성한 열매가 있다고 말씀하십니다. 예전에 제가 사업할 때는 빚 내어 하는 것을 당연하게 받아들였습니다. 돌이켜보니 내 가슴 깊은 곳에 돈을 벌려는 욕심이 있었습니다. 지금 저는 하나님나라를 위해 돈을 벌지만 주께서 '빚지지 말라' 하시기에 빚을 져가며 무거운 짐을 다시는 지고 싶지 않습니다.

빚을 많이 지게 되면 주님의 지혜가 사라집니다. 그 이유는 이미 주인이 바뀌었기 때문입니다. 빚으로부터 오는 독촉과 시달림과 절망과 포기 등으로 아무리 소망을 가지려고 해도 더 이상 생기지 않습니다. 돈을 벌기 위해 사는 사람에게는 주님의 지혜는 사라집니다(이 부분은 〈재정학교〉를 통해 더 자세히 배우게 됩니다).

그러므로 빚에 대하여 가정과 개인회사와 법인회사의 1차 목표를 모든 자산 현황에서 빚의 비율을 70퍼센트 미만으로 만드는 것입니다. 2차 목표는 빚의 비율을 50퍼센트 미만으로 만드는 것입니다. 회사의 확장과 투자보다 빚 갚는 것을 최우선으로 삼길 바랍니다. 빚이 50퍼센트 미만으로 떨어질 때 다시 가정과 회사의 주인이 바뀌게 되고, 삶의 의욕과 희망이 생기면서 사라진 주님의 지혜가 돌아오게 됩니다.

그러나 회사 자금이 조금 활성화되었다고 다시 빚을 얻어 확장하면 절대 안됩니다. 계속 부채를 줄여 전체 자산 비율에서 빚을 30퍼센트 미만으로 만드는 것을 3차 목표로 삼고, 그때부터 회사의 확장과 재투자를 위해서 저축으로 목돈을 마련할 계획을 세워야 해요. 빚의 비율이 다시 30퍼센트 이상이 되면 절대 안됩니다.

물론 빚이 0퍼센트가 된다면 그때는 100퍼센트 주님만 주인되게 하는 것입니다. 저는 가정과 회사에서 빚이 0퍼센트입니다. 이유는 주님만 주인으로 모시기 위해서입니다.

질문 5　교회가 빚이 많은 것에 대해 어떻게 반응해야 합니까?

NCMN 사역은 근본적으로 교회와 함께 사회의 각 영역에 변화를 주는 데 초점이 있습니다. 〈왕의 재정학교〉와 〈쉐마 말씀학교〉와 〈체인저 리더십학교〉와 세미나 등을 하는 것도 그 이유입니다.

때로는 교회가 연약한 모습을 보여줄 수도 있습니다. 그럴 때 판단하거나 부정적인 말을 하는 것은 주님의 방법이 아닙니다. 혹 교회가 빚이 있다고 해서 비판하거나 판단하는 것은 아주 위험합니다. 교회는 주님의 몸이기 때문입니다. 주께 나아가 기도해야 합니다. 중보기도자가 있는 교회는 복된 교회입니다. 교회를 위한 중보기도는 주께서 반드시 응답하십니다.

> **질문 6** 사업 자금이 전혀 없는데 장사나 사업을 하려면 빚을 내지 않고 어떻게 할 수 있나요?

사업을 하다가 망해서 빚만 잔뜩 있는 상황인데 주께서 제게 다시 사업을 시작하라고 명하셨습니다. 동시에 절대 다시는 빚내지 말라고도 명령하셨지요. 그래서 저는 하나님의 사람인 누군가가 사업 자금을 투자해주는 줄 알았습니다. 그런데 기다리고 기다려도 그 자금은 오지 않았습니다.

주님께 물었을 때 돈을 모아서 작게 시작하라고 하셨습니다. '네가 최선을 다할 때, 내가 초자연적으로 너를 도울 것이다'라고 말씀하셨습니다. 그래서 사업 자금을 마련하기 위해 남편은 직장을 구했고, 저도 돈을 벌기 시작했습니다.

두 사람이 버는 것에서 50퍼센트를 빚을 갚는데 썼고, 나머지는 먹지 않고 쓰지 않고 3년간 모았습니다. 그렇게 모은 자금이 천만 원이 조금 넘었습니다. 그것으로 아주 작은 오피스텔을 월세로 얻어 다시 사업을 시작했습니다. 인내의 기간이었고, 소망을 끝까지 하나님께 두는 것을 배우는 기간이었지요. 눈물의 시간이었고, 제 영적 근육이 만들어지는 시간이었습니다. 또한 내 생각과 내가 원하는 방법과는 전혀 다르게 일하시는 하나님을 끝까지 신뢰하는 것을 배우는 시간이었습니다.

사업을 시작할 때 주께서 주신 약속의 말씀이 "내가 너보다 앞서 가서 험한 곳을 평탄하게 하며 놋문을 쳐서 부수며 쇠빗장을 꺾고 네게 흑암 중의 보화와 은밀한 곳에 숨은 재물을 주어 네 이름을 부르는 자가 나 여호와 이스라엘의 하나님인 줄을 네가 알게 하리라"(사 45:2,3)였습니다.

주께서는 약속하신 대로 작게 시작한 사업장에 흑암 중의 보화의 은밀한 곳에 숨은 재물을 제게 옮겨주셨습니다. 주님의 비전을 이루길 소원하신다면 하나님의 방법이 아니면 안됩니다. 하나님은 그분의 방법으로 풍성한 열매를 맺게 하십니다.

질문 7 빚을 갚기 위해 긴축 재정에 들어가니 쓸 것을 줄이는 것뿐만 아니라 섬기는 것과 헌금도 절제하게 됩니다. 체계적으로 섬기는 방법을 알고 싶어요.

십일조는 빚과 상관없이 하나님의 것입니다. 온전한 십일조는 축복의 통로가 됩니다. 빚이 있는 경우 최우선 과제는 빚 갚는 것에 가장 많은 예산을 집행해야 합니다. 또 다른 빚을 내서 헌금하는 것은 아닙니다. 그렇게 되면 재정이 더 악화되어 결국은 헌금을 하고 싶어도 못하게 됩니다. 우리의 목표는 하나님나라 확장을 위해 90퍼센트를 하늘나라에 투자하고, 10퍼센트로 넉넉하게 사는 것입니다. 섬기는 것(심는 것)과 헌금은 예산을 짤 때 투자 항목(하늘은행 통장)으로 배정하시고, 하나님의 음성에 따라 섬기는 것과 헌금하는 것에 사용하세요.

빚을 최우선적으로 갚겠다는 결단은 나의 주인을 바꾸고 오직 주님만 섬기는 믿음의 사람이 되는 것입니다. 그러나 빚을 갚기 위해 심는 것과 헌금에 인색해진다면 맘몬에게 잡히게 됩니다. "자기를 위하여 재물을 쌓아두고 하나님께 대하여 부요하지 못한 자"(눅 12:21)는 속부가 된다고 했습니다.

맘몬의 강력한 영은 '교만함'과 '인색함'입니다. 그래서 예산을 짤 때 섬기는 것(투자)과 헌금을 위해 예산을 편성하고, 주님이 말씀하신 곳에 투자하거나 헌금을 하시면 됩니다. 우리가 빚이 없어지면 주의 나라 확장에 더 많은 재정으로 동참하게 되며, 영원한 나라에서 우리에게 상급으로 보상하신다고 약속하셨습니다.

질문 8 빚은 어떻게 갚을 수 있나요?

주께서 빚을 갚을 수 있는 방법을 말씀해주셨습니다.

1. 지금 이 시간부터 10원의 빚도 내지 않는다(카드 할부와 카드 대출 등).
2. 당장 오늘부터 만 원이라도 빚을 갚기 시작한다.
3. 믿음의 예산을 세우고 예산대로 집행한다.
4. 내가 할 수 있는 모든 것(팔 수 있는 것은 팔고, 안 입고, 안 쓰고)을 해야만 가능합니다.
   저는 5년간 정말 밥과 김치만 먹기로 결정했고, 그대로 했습니다. 왜냐하면 자연세계 안에서 내가 할 수 있는 1을 할 때, 초자연의 세계에서 도우시는 주님의 1억을 경험하기 때문입니다.

1. 보험

보험에 가입할 때 우리가 주님 앞에서 꼭 살펴보아야 하는 것은 가입 동기입니다. 미래에 대한 불안과 두려움과 걱정과 염려가 있어 가입하는 것은 마음속 깊이 불신앙이 있는 것입니다. 이때는 보험에 가입하기보다는 주님께 내 안정감을 옮기는 훈련을 해야 합니다. 믿음으로 사는 삶을 훈련해야 합니다. 하지만 지혜로운 저축의 방법으로 보험을 선택하는 것은 좋다고 봅니다. 미래가 불안하여 빚을 지면서 보험에 가입하는 것은 하나님의 방법이 아닙니다.

2. 저축

빚이 없는 분은 급여나 회사 순수익의 최소 20퍼센트는 저축을 하십시오. 풍년의 때(수익이 있는 날)에 주께서 흉년의 때(수익이 없는 날)를 대비하라고 말씀하셨습니다. 반드시 누구나 인생 가운데 수익이 생기지 않는 흉년의 때가 옵니다. 이를 잘 대비한 요셉은 흉년에도 풍년을 맛보며 살아갑니다. 빚이 있는 분들의 최우선 과제는 빚을 갚는 것입니다. 빚이 있는 분들이 빚을 갚는데 실패하는 경우는 다급하고 생명에 관한 위급한 일이 발생했을 때 다시 카드를 쓰고, 빚을 얻으면서부터입니다. 어떤 이유에서든지 빚을 더 얻게 되면 실패합니다.

주께서 일하시지만 우리가 훈련 중에 이런 일이 생기면 주님이 일하실 때까지 기다리는 것에 대한 믿음의 근육이 약하여 다시 빚을 얻어 해결하려고 합니다. 믿음의 삶을 훈련할 때 내 삶에 하나님이 경험되므로 차츰 믿음의 근육이 생겨납니다. 빚지지 않기 위한 믿음의 근육이 약하다고 생각된다면 아래의 방법을 꼭 쓰세요.

'여윳돈 모으기 봉투'에 돈을 최대한 모으고, 예산에서도 따로 편성해서 "마중물" 돈을 마련하세요. 각 가정과 사업체마다 마중물 돈의 액수는 달라질 수 있습니다. 가정과 사업체의 마중물의 규모는 1~3개월 동안의 유지비 정도로 생각하고 마련하면 됩니다. 마중물은 빚을 갚는 것보다 먼저 마련하세요. 그리고 마중물 돈만 넣는 통장을 개설해서 그 돈만 넣어둡니다.

마중물 돈은 절대 사용하지 않습니다. 빚을 갚다가 생명과 관련된 문제가 발생했을 때, 영적 근육이 약하여 주님이 일하시는 타이밍이 기다려지지 않을 때 카드로 다시 빚지지 말고 쓰는 것입니다. 그래서 다시 빚지는 위기를 넘기셔야 합니다. 마중물 돈 중에서 얼마를 썼다면 사용한 만큼의 돈을 빚 갚는 것보다 우선하여 다시 채워 만들어놓고, 그 것을 정말 없는 돈이라 생각해야 합니다.

저는 빚 갚기 전에 어떤 일이 있어도 절대 다시 빚을 지지 않기 위해 마중물 돈 200만 원을 마련해놓았어요. 그때 마련해둔 마중물을 한 번도 사용한 일이 없습니다. 급하고 위급한 생명의 문제는 여러 번 있었지만, 그때마다 이를 악물었고 주님께 내 모든 소망과 기대감과 안정감을 두는 훈련에 목숨을 걸었습니다.

우리가 빚을 갚으면 주인이 주님으로 바뀌게 되니 맘몬이 그것을 원하지 않지요. 꼭 기억해야 하는 것은 우리가 주인을 바꾸기로 결정한다면 주께서 돕겠다고 하셨다는 것입니다.

※ 마중물 : 물을 펌프로 끌어올리기 위해서 아끼던 물 한 바가지를 부어 펌프질을 계속하면 마침내 많은 물이 올라오게 됩니다.

3. 투자

두 가지 방법의 투자가 있습니다.

첫째는 하늘은행에 투자하는 것이고, 둘째는 이 땅의 시스템 안에 투자하는 것입니다.

성경말씀에는 믿음과 구원에 대해 약 200번을 말씀하십니다. 재물에 대해서는 믿음과 구원의 말씀보다 10배 이상(약 2,500-3,000번)을 말씀하고 있습니다. 말씀 안에서 투자에 대해 이해하는 것은 매우 중요합니다.

주님께서 달란트 비유와 므나 비유를 통해서 돈에 대한 예수님의 생각과 예수님의 기대, 예수님께서 쓰시는 사람을 말씀하십니다.

돈에 대한 예수님의 생각은 '작다'입니다. 온 땅의 모든 것, 금과 은, 부와 명예가 다 주께 속했다고 말씀하십니다.

"우리 하나님이 땅의 모든 것의 주인이시고 모든 것이 그의 것입니다"(대상 29:11,12 참조).

"은도 내 것이요 금도 내 것이니라 만군의 여호와의 말이니라"(학 2:8).

"태초에(아무것도 없을때) 하나님이 천지를 창조하시니라"(창 1:1).

처음부터 우주만물의 주인은 하나님이십니다. 모든 것을 가지신 하나님께 돈은 아주 작은 것입니다. 주님께 큰 것은 잃어버린 영혼들입니다.

돈에 대한 예수님의 기대는 '배가'(倍加)입니다. 주께서 우리에게 재물을 맡기시면 우리는 배가시켜야 하는 책임이 있습니다. 세상의 시스템은 퍼센트의 원칙입니다. 은행에 돈을 맡기면 이윤이 3.5퍼센트입니다. 주님은 하나님나라의 재정 원칙을 30배, 60배, 100배의 농사 짓는 방법으로 설명하십니다. 우리는 주님으로부터 재정을 공급받습니다.

"내 하나님 여호와를 기억하라 그가 네게 재물 얻을 능력을 주셨음이라"(신 8:18).

우리에게 재물 얻을 능력도 주께서 주셨고, 큰 재물도 주셨다고 말씀하십니다.

"히스기야가 부와 영광이 지극한지라 … 이는 하나님이 그에게 심히 많이 주셨음이며"(대하 32:27,29).

주께서 재물을 주시지만 동시에 그것을 배가시킬 책임도 주십니다. 배가시킬 방법도 성경으로 말씀해주셨습니다.

하늘은행의 투자 대상

• 고아와 과부와 객

• 하나님의 사람(성빈)

• 하나님나라 확장의 프로젝트

하늘은행의 투자 대상에 투자하는 것은 좋은 땅의 투자이고, 열매 맺는 투자라고 말씀하셨습니다 이자율이 높은 투자입니다. 30배(3,000퍼센트), 60배(6,000퍼센트), 100배(10,000퍼센트)입니다. 이것이 하늘은행의 저축이고 투자입니다. 투자 훈련을 하길 바랍니다. 하늘은행의 통장에 입금(투자) 하는 훈련을 하면 출금(하나님의 공급)이 정말 30배, 60배, 100배라는 것을 알고 경험하고 놀랄 것입니다.

그렇다면 이 땅의 시스템 안에서 투자는 어떻게 해야 할까요? 하나님은 요셉에게 풍년에 흉년을 대비하라고 말씀하셨습니다. 빚을 갚고 나면 총 순수익에서 20퍼센트는 무조건 저축하세요.

예) 20퍼센트를 저축하는 방법은 보험 20퍼센트 정도, 안전한 저축 40퍼센트, 안전한 펀드형 저축형태 20퍼센트, 원금 손실을 감수하고 공격형 펀드에 20퍼센트를 분산 투자하는 것이 좋은 선택입니다.

목돈이 만들어지거나 여윳돈이 있으면 땅을 구입하는 것도 지혜입니다. 그러나 이는 투기와는 다릅니다. 땅(토지)은 주님의 것입니다(레 25:23). 토지는 가족 안에 부(富)를 형성하게 됩니다. 대를 이어 부를 물려주게 됩니다. 그러나 땅을 팔아 돈으로 만들면 어려워집니다.

예) 조상대대로 물려오던 선산과 문중의 땅을 자녀들이 팔아 돈으로 만들면, 돈 때문에 다툼이 일어나고 그 돈은 빠른 속도로 사라지게 됩니다. 왜냐하면 돈 뒤에 맘몬이 있기 때문입니다. 땅은 하나님의 것입니다. 요즘 하나님의 땅을 적들이 많이 빼앗아 갔어요. 우리가 이것을 찾으면 좋겠습니다. 땅을 쉬게 하고, 처음 땅을 지으신 하나님의 목적대로, 주께서 원하시는 대로 사용해야 합니다.

투자할 때는 물가상승률보다 높은 곳에 투자하는 것을 배워야 합니다. 물가상승률보다 낮은 곳에 한꺼번에 투자한다면 원금이 보장된다고 하더라도 그것은 손실이 발생한 것입니다. 분산 투자하시길 바랍니다. 가급적 많은 곳에 분산 투자하는 것이 바람직합니다. 주식은 좋은 투자 방법이긴 하나 개인은 하지 않는 것이 좋습니다. 개인이 주식으로 돈을 배가시킬 확률은 매우 낮습니다. 주식보다는 빼앗긴 하나님의 땅들을 찾으세요. 가족 안에 부를 형성하세요. 그런데 빚지며 주식에 투자하거나 땅을 사는 것은 절대 하지 말아야 합니다.

빚을 내서 주식과 땅을 사서 값이 오르면 팔아서 빚을 갚는 것은 세상의 방법입니다. 주께서는 어떤 이유로든지 빚을 지지 말라고 하셨습니다. 빚지는 곳에는 진정한 주님의 축복이 없습니다. 왜냐하면 세상의 맘몬이 주는 방법을 따르기 때문입니다. 재정이 넉넉하여 땅을 구입해서 대대로 물려주고, 부를 형성해나가기 위해 하나님의 타이밍에 땅을 사거나 팔 수 있습니다.

이것의 목적이 돈이 아니라 부의 형성이며, 땅을 원래의 목적대로 관리하기 위한 청지기의 태도라고 믿습니다. 중심을 보시는 하나님의 눈을 우리는 항상 의식해야 합니다. 어떤 선택을 하든지 코람데오(주님의 면전에서) 하시길 바랍니다. 돈에 대해 예수님이 쓰시는 사람은 충성된 사람입니다. 우리가 계속 재물의 충성하는 훈련을 하게 될 때 충성된 청지기의 삶을 살게 됩니다. 이때가 주께서 우리에게 재물을 맡기실 때입니다.

실손보험에 가입했습니다. 몸이 아파 병원에 입원하여 보험금을 받았는데 이 돈에서도 십일조를 해야 하는지요? 은행을 통해 적금, 예금, 목돈저축 등의 만료 시에 십일조를 해야 하는지요?

십일조는 근본적으로 우리 손의 수고로 공급되어지는 모든 것에서 합니다. 보험과 적금을 넣을 때 이미 십일조를 하고 난 후의 재정으로 납입한 것입니다. 그래서 보험이나 적금 또는 우리에게 지정 헌금이나 선물(물품) 등이 공급되어진다면 감사 헌금으로 섬기는 곳과 심는 곳(하늘은행)에 할 수 있습니다.

십일조는 꼭 출석교회에 해야 하나요?

본인이 속해 있는 교회 공동체에 하는 것이 가장 바람직합니다. 본인이 영적으로 도움을 받는 곳이 교회 공동체입니다. 십일조는 처음부터 내 것이 아니고 하나님의 것입니다. 하나님께서 십일조를 우리에게 사용할 권한을 주신 적이 없습니다. 십일조를 내가 임의로 나누어서 몇 군데 흩어보내는 것은 좋지 않습니다. 이런 행동은 십일조의 사용 권한을 내가 가지고, 지출하고, 주인이 되는 것이기 때문에 아주 위험합니다. 그러나 하나님께서 선교지와 농어촌교회 또는 말씀하신 곳(가난한 자, 선교단체, 성빈 등)에 주라고 하셨다면 달라집니다. 십일조의 주인이신 하나님께서 말씀하셨기 때문입니다.

온전한 십일조는 어떻게 계산합니까?

- 직장인은 4대 보험 지출 전에 받는 금액으로 월급 전체 금액에서 십분의 일
- 사업자는 총 매출에서 사업에 필요한 모든 경비 지출 후 순수익에서 십분의 일
- 성빈(목회자, 선교사 등)들은 주님께서 공급하시는 것에서 십분의 일

사업이 적자인 경우는 어떻게 십일조를 해야 합니까?

참으로 안타까운 일입니다. 하고 싶어도 할 수 없겠죠. 적자 상태라면 빚을 내서 하는 것은 아닙니다. 수익을 창출할 수 있는 구조조정을 하셔야 합니다. 모든 영역에서 구조조정이 필요합니다. 회사마다 각각 사정이 다릅니다. 수입보다 지출이 많으면 당연히 적자가 됩니다. 이런 상황이 지속되다 보면 재정은 바닥이 나고, 이런 구조를 조정하지 않으면 결국 사업은 망하게 됩니다. 사업규모를 줄이더라도 수입이 지출보다 많은 구조로

변경해야 합니다. 반드시 지출보다 수입이 많은 구조로 만들어야 합니다.

　가정에서도 수입보다 지출이 많아 카드 할부와 카드 현금서비스, 마이너스 통장과 대출 등으로 생활하고 있다면 용돈과 생활비, 아이들 학원비와 외식비와 문화생활비, 의류비 등 모든 면에서 구조조정을 해야 합니다. 최우선적으로 가능한 한 속히 수입이 지출보다 많은 구조로 바꾸세요. 그렇게 하지 않으면 가난해지고 결국 망하게 됩니다.

> **질문 14**　남편이 예수를 믿지 않아서 십일조하는 것을 반대하면 어떻게 해야 합니까?

　남편의 월급 전체에서 십일조를 하고 싶은 것을 잘 압니다. 그러나 이럴 때는 남편으로부터 받는 생활비에서 하길 권합니다. 그리고 남편의 영혼구원을 위해 간절히 기도해야 합니다.

> **질문 15**　저는 목사입니다. 교인 중에 사업을 하다가 힘들어졌는데, 그가 교인들에게 많은 돈을 빌리고 교회에도 계속 도움을 요청합니다. 사업만 잘되면 모든 것이 해결될 수 있다고 합니다. "빈궁한 자들에게 은혜를 베풀라"는 말씀이 있는데 어떻게 해야 하는지요?

　그 교인에게 아주 단호하게 하셔야 합니다. 이미 여러 성도들에게 돈을 융통하고 있고, 교우들과 교회에 계속 도와달라고 하는 것은 바람직하지 않습니다. 교회와 교우들을 어렵게 하는 것입니다. 그 분은 사업만 잘되면 모든 것이 해결된다고 생각하지만 그것은 절대 성경적이지 않습니다. 남의 돈과 교회의 돈으로 하는 것은 위험한 발상입니다. 심하게 말하면 남의 돈으로 버티겠다는 것입니다.

　한방을 기대하면서 내가 가진 것으로 버틸 수 없다면 그 사업은 이미 힘든 것입니다. 사업을 시작할 때의 원칙은 6개월이 지난 시점부터 자기자본으로 12개월이상 계속 적자가 난다면 사업 중단을 심각하게 고민해야 합니다. 더 큰 손실과 주변의 피해를 막기 위해서입니다. "빈궁한 자에게 공의를 베풀라"는 말씀은 이 경우에 해당되는 것이 아닙니다.

전세 1억 원에 살고 있으며 작은 가게를 운영했습니다. 재정 강의를 듣고 빚을 정리하기 위해 경영난으로 어려움을 겪고 있는 가게를 정리하여 모든 빚을 갚았고, 현금 1억 원의 여유가 생겼습니다. 그런데 전셋집 주인이 빚을 지면서 집이 경매에 넘어갔습니다. 은행대출 3억, 전세보증금 1억, 총 4억 원입니다. 은행보다 후순위입니다. 매매 가능 금액은 5억 5,000만 원 정도이지만, 경매가 진행되면 낙찰가에 따라서 저는 한푼도 못 받습니다. 어떻게 해야 하나요?

그럴 때는 지혜로워야 합니다. 두 가지 방법이 있습니다.

(1) 빚이 싫어서 가게를 정리하셨지만 1억 원의 여유자금이 있기 때문에 경매 또는 급매에 직접 응해 보는 것입니다. 경매 진행에서 1차 유찰이 되면 2차, 3차에 응해 보는 것입니다. 이때 계산을 잘해야 합니다. 낙찰 후 매매가 가능한지, 낙찰받고 되팔았을 때 은행빚 3억과 전세보증금 1억, 총 4억 원에 매매가 가능한지를 알아보아야 합니다. 가능하다고 판단되면 경매로 받고, 반드시 빨리 되팔아서 전세 보증금 1억 원을 보호받는 것입니다. 이때 주의할 점은 경매에 꼭 낙찰된다는 보장이 없고, 경매 또는 급매로 받았다면 다시 은행 대출의 빚이 생긴다는 것입니다. 대출 빚이 집 매매 가능금액의 20~30퍼센트 넘는다면 빨리 집을 되팔아서 경매받기 위해 들어간 2억 원(보증금 1억, 여윳돈 1억)을 보호받아야 합니다. 그래서 2억 원의 전셋집으로 가야 합니다. 이때 욕심을 내게 되면 다시 빚의 굴레 속으로 들어가게 됩니다. 이 방법은 집을 구입하기 위한 것이 아니고, 보증금을 보호받기 위한 것입니다.

그러나 대출 빚의 비율이 매매가의 20퍼센트 미만이고, 3년 안에 대출금을 매달 충분히 갚을 수 있는 확실한 방법이 있다면 그 집은 내 집이 될 것이고, 주님의 재산으로 잘 관리하시면 됩니다. 그러나 주택구입 시 장기대출 상환은 좋지 않은 선택입니다.

(2) 은행보다 후순위일지라도 전세보호법 적용을 받을 수 있습니다. 동사무소에서 전입 신고할 때 전세 계약서에 확정 일자를 받았다면 은행보다 우선순위로 법에 정해진 최소보장법으로 보호를 받습니다. 거주지에 따라 보장 금액이 달라집니다. 인천의 경우는 최저 5천만 원까지 보장하고 있습니다. 거주지의 보호법을 알아보시길 바랍니다. 손실이 발생하더라도 5천만 원을 보장받을 수 있다면 여윳돈 1억 원과 합하여 다른 전셋집으로 가는 방법도 좋다고 생각합니다. 다시 시작하면 됩니다. 전세보증금을 한푼도 보장받지 못한다면 (1)의 방법을 생각해보세요.

저는 시집올 때 친정어머니로부터 건물 한 채를 받았고, 이 건물은 남편의 재산과 별개로 관리했습니다. 제 딸을 시집을 보내는데 저도 딸에게 콘도를 하나 사주었고, 남편의 재산과 따로 관리하라고 말했습니다. 그런데 딸이 콘도를 팔아서 아파트를 구입하는데 사용하고 싶다고 합니다. 저는 싫은데 어떻게 해야 합니까?

부부의 재정은 하나로 합쳐야 합니다. 부부가 함께 재정을 관리하고, 둘 중 경제개념이 정확하고 입출금을 기재하는데 은사가 있는 쪽에서 정리하고, 함께 공유하는 것이 좋다고 생각합니다. 그 콘도의 주인은 딸이기에, 딸이 남편과 상의해서 결정을 할 수 있는 권리가 있습니다. 사실상 본인은 이 결정에 개입하지 않는 것이 아름답습니다. 주께서 한 몸을 이루어 가정을 만들 때는 모든 것이 공유되어야 진정한 한 몸이라고 할 수 있습니다.

한국의 어머니들은 어떤 형태로든지 자녀를 위하는 마음으로 재물에 대해 조언하고 결정하는 데 역할을 하고 싶어합니다. 그러나 말 그대로 조언 이상을 하면 안됩니다. 결정에 관여하게 되면 내 뜻대로 되지 않을 때 서운한 마음이 들고, 혹시 자녀들의 결정이 잘못된 결과를 가져온다면 관계가 깨지게 됩니다. 자녀들에게 우리가 가르쳐야 하는 것은 하나님과 함께 결정하고, 무슨 결정을 하든지 스스로 책임을 질 수 있도록 훈련시키는 것입니다. 딸이 아파트를 사는데 콘도를 팔지 않으면 큰 빚이 생기게 됩니다. 첫 출발부터 빚을 지는 것은 좋은 선택이 아닙니다. 어머니가 딸을 도와주는 두 가지 방법이 있습니다.

(1) 콘도를 팔아서 아파트에 보탠다.

(2) 아파트 비용을 딸에게 빌려주고, 이자 없이 매달 일정 금액을 반드시 갚게 한다.

부모가 빌려주는 이유는 은행에서 빌리게 되면 빚의 노예가 되지만 성부의 부를 자녀에게 물려줄 때 경제를 가르치는 좋은 방법이 될 수 있습니다. 이자 없이 빌려주면 자녀들이 아주 빠른 시일에 원금을 갚게 됩니다. 은행에서 빌려서 갚는 것보다 3배 이상 빠르게 갚게 됩니다. 이때 반드시 일정 금액을 매달 갚게 해서 다 갚을 때까지 경제를 가르쳐야 해요. 그리고 자녀들은 성실하게 갚을 수 있어야 합니다. 자녀와 구체적으로 어떻게 갚을 것인지 계획을 나누세요. 가장 나쁜 방법은 "네가 돈이 있을 때 갚아라" 하는 것입니다. 이것은 자녀를 망치는 길입니다. 맘몬에게 자녀를 내어주는 것이지요.

갑자기 생긴 경조사비 때문에 필요사항 봉투(생활비)에서 지출하다보니 생활에 어려움을 겪고 있습니다. 요망사항 봉투의 돈을 경조사비로 쓸 수 있는지요?

경조사에 꼭 돈을 가져가야 하는 건 아닙니다. 위로와 사랑과 축복을 가지고 참석하면 됩니다. 그 자체가 진정한 축하이고, 부조가 되는 것이지요. 우리나라에서 서로 어려울 때 상부상조하던 좋은 전통이 많이 변질되어 부자에게는 눈치 보이고 체면 때문에 많이 하게 되고, 정말 도움이 필요한 가난한 자에게는 하지 않거나 아주 인색하게 한다면 하나님의 방법이 아닙니다.

경조사비를 분수에 맞게 꼭 예산 편성에 넣으세요. 그리고 예산 범위 안에서 사용하세요. 다른 봉투의 것은 절대 사용금지입니다. 그러면 재정 원칙이 무너집니다.

주께서 성부로 재물을 약속하실 때 먼저 중심을 다루십니다. 마태복음 5장 5절의 "온유한 자는 복이 있나니 그들이 땅을 기업으로 받을 것임이요"의 뜻은 말씀에 길들여진다는 것입니다.

야생마는 순종을 모릅니다. 그래서 험하고 거친 계곡 위에 야생마를 데려다놓으면 빠져 나오려고 발버둥칩니다. 그러면 그럴수록 여기저기 찢기고 터지면서 계곡 아래까지 내려오게 됩니다. 만신창이가 되어 계곡 아래에 도착했을 때는 자기 힘이 다 빠져 주인이 이끄는 대로 순종하게 되는데 그때를 '길들여졌다'라고 합니다. 또 주인이 송아지를 밭을 갈게 하면 이리 저리 뛰며 밭을 망가뜨립니다. 이때 어미소와 함께 멍에를 메게 해서 잘 길들여진 힘이 센 어미소가 끌고 가는 대로 끌려 다니게 합니다. 그러면 송아지는 자기 힘과 지혜를 다 버리게 되고, 주인의 말을 듣는 훌륭한 어미소로 거듭납니다. 이때를 '길들여졌다'라고 합니다.

이렇듯이 온유한 자는 주의 말씀에 길들여져서 오직 주인의 말씀을 따라 살아갑니다. 이것을 왜 성경에서 재물과 연관해서 말하냐면 온유한 자는 말씀으로 자신을 통제할 수 있기 때문이고, 주께서 많은 재물을 주시더라도 말씀으로 재물을 통제할 수 있게 되어 속부가 되지 않습니다. 그래서 주께서는 온유한 자에게 땅을 약속하십니다.

잠언 22장 4절에는 "겸손과 여호와 하나님을 경외하는 자의 보상을 재물과 영광과 생명으로 주신다"라고 했습니다. 온유가 '자기절제'라고 한다면 겸손은 '자기의 분수를 아는 것'입니다. 반면에 교만은 '자기의 분수를 모르는 것'입니다. 겸손은 가진 것만큼 행동하는 것이지요. 우리는 먼저 온유하고 겸손한 사람이 되도록 훈련해야 합니다. 따라서 경조사비도 분수에 맞게 하는 것을 연습해야 합니다.

하나님의 약속입니다.

"나를 사랑하는 자들에게 엄청난 재물을 주어 그들의 창고를 가득 채워줄 것이다"(잠 8:21 참조).

"하나님은 사람이 아니시니 거짓말을 하지 않으시고 인생이 아니시니 후회가 없으시도 다 어찌 그 말씀하신 바를 행하지 않으시며 하신 말씀을 실행하지 않으시랴"(민 23:19).

질문 19 심고 거두기(하늘은행)의 예산을 다 썼는데 또 심고 싶은 마음을 주셨을 때, 다른 봉투의 예산을 사용할 수 있나요? 그리고 예산이 먼저인가요 아니면 하나님의 음성이 먼저입니까?

선한 일에 귀한 마음을 가진 것을 축복합니다. 성부의 마음입니다. 그러나 심는 곳의 예산을 다 썼다면 다른 봉투의 예산은 쓰지 마세요. 다음 달에 다시 예산을 세워서 주께서 마음 주신 곳에 심으세요. 왜냐하면 주께서 심는 예산을 다 썼는데 또 심으라고 하신다면, 심을 것을 주셔서 심게 하십니다.

고린도후서 9장 10절을 보면 "심는 자에게 씨와 먹을 양식을 주시는 이가 너희 심을 것을 주사 풍성하게 하시고"라고 하셨습니다. 이 말씀은 우리에게 심는 것으로 씨(십일조)를 주시고, 우리가 또 다른 곳(가난한 자, 성빈)에 심을 것을 작정한다면 심을 것을 또 주사 우리를 풍성케 하신다는 것입니다.

심는 것은 우리의 먹을 것으로 하는 것이 아니고, 우리는 1만 내놓으면 됩니다. 주께서 1억을 곱해서 심게 하십니다. 0은 하실 수 없습니다. 1의 헌신이 필요합니다. 과부의 기름 한 병, 과부의 떡 한 조각, 아이의 떡 다섯 개와 물고기 두 마리, 우리 주님께 그것만 내어드리면 충분합니다. 주께서 말씀하셨다면 심을 것을 주실 것입니다. 그런데 주께서 특정한 재물을 요구하실 때가 있습니다. 그때는 즉시 순종하세요.

야고보서 1장에 나타나는 3가지 시험 형태를 꼭 기억하세요!

(1) 하나님이 허락하시는 테스트가 있습니다. 연단과 성숙을 통해 하나님께 쓰임받는 사람으로서 준비됩니다.

(2) 시련이 있습니다. 이것은 오래 참고 인내하고 잘 견디면 상 주시는 시험입니다.

(3) 사단의 유혹으로서의 시험이 있습니다. 이것은 우리로 죄 짓게 만드는 시험입니다.

야고보서 1장 13,14절 말씀은 세 번째 시험을 말하는 것입니다.

주님의 말씀은 예산을 넘어서는 권위이십니다. 이 말씀에 순종하기 위해서는 철저한 예산을 그대로 집행하는 것을 배워야 합니다. 그리고 주께로부터 공급되는 것을 가지고 더심고, 빚 갚는 경험까지 해야 합니다. 주님께서는 우리에게 모든 은혜를 넘치게 하시고, 모든 일에 넘치게 하십니다. 그래서 우리가 모든 착한 일에 넘치도록 감당케 하십니다(고후 9:8).

> **질문 20** 친구들끼리 하는 친목계에서 첫 번째로 계를 타서 부모님 칠순 여행을 보내드리고 싶은데 이것도 빚인가요?

저도 친구끼리 친목계를 하고 있어요. 목적은 여행입니다. 목표 금액은 2천만 원입니다. 이 금액이 다 채워지면 함께 여행가기로 했어요. 기본적인 계의 개념은 첫 번째로 계를 타면 은행 이율보다 높게 내게 되고, 가장 마지막으로 타면 은행 이율보다 높게 저축하는 것이 됩니다. 이자 없는 친목계도 있습니다. 서로 도와주는 것입니다. 계를 먼저 타서 이자율 높은 카드론(다른 대출)을 갚는다면 아주 좋은 선택입니다. 그러나 빚이 있는데 여행 가려고 먼저 타고 나중에 갚는다는 것은 결국 빚을 더 지게 되는 선택입니다. 형편에 맞는 선택이 중요합니다. 생활하다 보면 여기저기 꼭 지출해야 할 때가 많습니다. 그래서 빚을 더 많이 지게 됩니다.

빚 갚는 3가지 원칙

1) 지금부터 더는 빚지지 않는다.

2) 작은 돈이라도 당장 빚을 갚는다.

3) 믿음의 예산안을 짜고 그대로 지출한다.

3~5년 동안 이 재정 원칙을 잘 지키고 살면 반드시 빚을 다 갚게 됩니다. 자연세계 안에서 최선을 다할 때 주께서 초자연적으로 역사하십니다.

NCMN에서 운동을 펼칠 것 중 하나는 '5K운동'이고, 다른 하나는 '교회신용 협동조합'입니다. 취지는 재정의 주인을 바꾸는 것입니다. 교회가 단독으로 하거나 몇 군데 연합해서 할 수 있습니다. 교회에서 빚 없는 사람들이 이자를 받지 않고 출자해서 이자 없이 사업 자금이나 빚을 갚는 데 쓸 수 있게 대출하는 것입니다. 빌리는 사람은 매달 일정 금액을 납부하는 형식입니다. 물론 빌리는 사람은 성경적인 재정 원칙을 배우고 실천하고자 하는 사람이어야 합니다.

질문 21 급한 빚을 갚기 위해 시계를 팔았는데 십일조를 떼야 하나요?

시계를 구입할 때 이미 십일조를 지출하고 주께서 먹을 양식으로 주신 것으로 구입하는 것입니다. 따라서 십일조를 안해도 됩니다.

그런데 질문 내용이 매우 안타깝습니다. 십일조는 떼는 것이 아닙니다. 십일조는 주께서 이미 씨로 구분하셔서 우리에게 풍성한 수확을 약속하시며 축복으로 주신 씨앗입니다. 십일조는 다음 달, 내년의 풍성한 수확을 소망 가운데 바라며 심는 것입니다.

고린도후서 9장 10절 말씀에서 주께서 우리에게 재정을 공급하실 때 심을 씨와 먹을 양식으로 구분해서 주신다고 하셨습니다. 주님께서 구분해서 주는 심을 씨는 내가 구분할 수 있는 것이 아닙니다. 그래서 말라기서 말씀에 십일조를 먹는 사람에게 주께서 심하게 말씀하시는 것은 "너! 도둑놈"이라고 하셨습니다. 말라기서 3장 8-12절에서 우리에게 약속하시는 것은 십일조는 '너희를 위한 것'(11절)이라고 말씀하십니다. 왜 십일조가 우리를 위한 것이 되는지는 말씀에서 잘 설명하고 있습니다. 이 말씀을 꼭 깊이 묵상해보기를 권면합니다.

예) 집을 3억 원에 구입해서 5억 원에 팔았다면 십일조는 어떻게 계산하나요 ?
　집을 3억 원에 살 때 그 돈은 이미 십일조를 하고 먹을 양식으로 저축해서 구입한 것입니다. 따라서 차액 2억 원에서 모든 세금을 뺀 순차액에서 십일조를 계산하면 됩니다.

빚 갚을 때의 자세

빚 갚는 약속을 막연하게 하면 안됩니다. 작은 금액이라도 구체적으로 실행에 옮길 수 있는 약속을 해야 합니다. 실행 없는 약속은 거짓말이 됩니다. 그런 약속을 하게 되면 약속 시간이 다가올 때 영적, 정서적으로 어려움을 겪게 됩니다. 아무리 작은 금액이라도 실행가능한 약속을 하고, 지키기 위해 모든 것을 해야 합니다. 현금화할 수 있는 것들을 팔거나 아르바이트를 해서라도 말이죠.

제가 빚 갚기 위해 간증했던 것을 기억하세요!

- 안경점 사장이다가 종업원으로 취업했던 것
- 아들의 손가락이 부러졌는데도 빚내지 않은 것
- 빚 갚기 위해 온 가족이 5년 동안 밥과 김치만 먹은 것
- 빚을 다 갚을 때까지 옷은 교회 바자회나 중고 가게에서 사 입은 것
- 6억 원의 빚을 갚기 위해 1만 원부터 시작했던 것

상담하다 보면 기도하고 주님께 매달리면 기적적으로 재정을 주실 거라고 생각하는 분들이 많습니다. 주님은 그런 방법으로 주시지 않습니다. 하나님나라에는 "한방"이 없습니다.

"백성들이 자녀들 때문에 마음이 슬퍼서 다윗을 돌로 치자 하니 다윗이 크게 다급하였으나 그의 하나님이 여호와를 힘입고 용기를 얻었더라"(삼상 30:6).

다윗의 상황이 크게 다급했다고 합니다. 우리가 여기서 배울 것은 아무리 다급하고 어렵다 할지라도 하나님을 힘입고 용기를 얻는 믿음과 훈련이 필요합니다.

"내 아들아 네가 만일 이웃을 위하여 담보하며 타인을 위하여 보증하였으면… 노루가 사냥꾼의 손에서 벗어나는 것같이 스스로 구원하라"(잠 6:1,5).

이는 빚을 갚는데 우리가 최선을 다해야 한다는 것입니다. 하나님만 주인되게 하라는 것입니다.

질문 22 개인회생 제도와 파산 신고는 비성경적입니까?

개인회생 제도와 파산 신고는 우리나라에서 정한 합법적인 제도입니다. 개인회생과 파산 신고를 할 수 있습니다. 이는 비성경적이지 않습니다. 그러나 이 법을 내 유익만을 위해서 악용하면 안됩니다. 다음을 반드시 생각해야보아야 합니다.

나는 정말 빚 갚기 위해 최선을 다했는가?

나는 빚 갚을 수 있는 가능성이 정말로 없는가?

나를 위해 재정을 따로 챙겨놓지는 않았는가?

이 부분에 있어 하나님 앞에서 정직해야 합니다.

예, 됩니다. 비성경적이지 않습니다. 그러나 투자의 원칙을 잘 정해야 합니다. 말 그대로 투자입니다. 여기에 투자된 돈을 한 푼도 건지지 못할 때 가정과 회사에 전혀 피해가 없는 여윳돈으로 해야 합니다. 빚을 내거나 집을 담보로 대출을 얻어서 주식에 투자하는 것은 투자가 아니라 투기입니다. 이것은 비성경적입니다. 앞서 말했듯이 개인이 주식을 투자해서 돈을 번다는 것은 아주 힘든 일입니다. 가급적 적립식 펀드를 이용하면 좋겠습니다. 최소 5년 이상 기업의 실적 평가를 꼼꼼히 살펴서 투자하길 바랍니다. 적립식 펀드는 최소 3년 이상 꾸준히 투자할 때 수익률이 좋습니다. 단기투자(24개월 미만)는 이율이 높은 적금이 좋습니다.

우리나라만 보더라도 하나님이 이런 속부들을 사용하시면서 이 나라를 축복하고 계심이 분명해보입니다. 우리 믿는 자들이 주께서 사용하실 수 있도록 여러 영역으로 탁월한 실력을 겸비해야 합니다. 시편 73편에 그 답이 있습니다.

"나는 거의 넘어질 뻔하였고 나의 걸음이 미끄러질 뻔하였으니 이는 내가 악인의 형통함을 보고 오만한 자를 질투하였음이로다"(시 73:2,3).

"볼지어다 이들은 악인들이라도 항상 평안하고 재물은 더욱 불어나도다"(시 73:12).

다윗도 우리와 동일한 질문을 하나님께 했습니다. 그런데 다윗이 17절에 가서 그 질문의 답을 깨달았습니다. 그들이 갑자기 황폐하게 되어 전멸한 것을 알았습니다.

"하나님의 성소에 들어갈 때에야 그들의 종말을 내가 깨달았나이다 주께서 참으로 그들을 미끄러운 곳에 두시며 파멸에 던지시니 그들이 어찌하여 그리 갑자기 황폐되었는가 놀랄 정도로 그들은 전멸하였나이다"(시 73:17-19).

지금 눈에 보이는 세계에서 잘되는 것 같아 보여도 보이는 것에 속지 마세요. 하나님의 말씀과 믿음으로 보이지 않는 세계를 보는 훈련을 하셔야 합니다. 속부들의 재물을 의인들에게 옮겨주신다고 약속하셨습니다(어떤 사람이 성부이고, 속부인지는 〈왕의 재정학교〉에서 더 배우도록 하겠습니다).

"선인(성부)은 그 산업을 자자손손에게 끼쳐도 죄인(속부)의 재물은 의인을 위하여 쌓이

느니라"(잠 13:22).

"중한 변리로 자기 재산을 늘이는 것은(속부의 삶) 가난한 사람을 불쌍히 여기는 자(의인)를 위해 그 재산을 저축하는 것이니라"(잠 28:8).

"그가 비록 은을 티끌 같이 쌓고 의복을 진흙같이 준비할지라도 그가 준비한 것을 의인이 입을 것이요 그의 은은 죄 없는 자가 차지할 것이며"(욥 27:16,17).

'의인'이란?

1. 믿음으로 사는 삶은 훈련으로 가능하다.

   "의인은 오직 믿음(말씀)으로 말미암아 살리라"(롬 1:17).

2. 내가 받은 은혜를 알고, 다른 사람에게 은혜를 베풀 줄 알고, 내 것을 나누어주는 사람이다.

   "의인은 은혜를 베풀고 주는도다"(시 37:21).

우리가 하나님의 말씀에 목숨을 걸어볼 가치가 있는 것은 바로 그분의 성품 때문입니다. 하나님은 신실하십니다. 말씀하신 것을 반드시 이루시는 분이십니다.

"하나님은 사람이 아니시니 거짓말을 하지 않으시고 인생이 아니시니 후회가 없으시도다 어찌 그 말씀하신 바를 행하지 않으시며 하신 말씀을 실행하지 않으시랴"(민 23:19).

또한 하나님은 전능하십니다.

"여호와께 능하지 못한 일이 있겠느냐"(창 18:14).

질문 25　로또나 복권은 하나님의 방법인가요?

"처음에 속히 잡은 산업은 마침내 복이 되지 아니하느니라"(잠 20:21).

복권을 구입하는 것은 한방에 인생역전을 꿈꾸기 때문입니다. 그들은 소망을 하나님께 두는 것이 아니라 복권(돈)에 둡니다. 이것은 맘몬이고 우상입니다.

"여호와의 말씀이니라 너희를 향한 나의 생각을 내가 아나니 평안이요 재앙이 아니니라 너희에게 미래와 희망을 주는 것이니라"(렘 29:11).

왕의 재정학교 실천 워크북

초판 1쇄 발행   2019년 7월 31일
초판 9쇄 발행   2024년 3월 6일

지은이   김미진
책임감수   홍성건

펴낸이   여진구
책임편집   김아진
편집   이영주 박소영 최현수 안수경 김도연 정아혜
책임디자인   마영애 노지현 조은혜 이하은
홍보 · 외서   진효지
마케팅   김상순 강성민   마케팅지원   최영배 정나영
제작   조영석 허병용   경영지원   김혜경 김경희

303비전성경암송학교 유니게 과정
이슬비전도학교 / 303비전성경암송학교 / 303비전꿈나무장학회

펴낸곳   규장

주소 06770 서울시 서초구 매헌로 16길 20(양재2동) 규장선교센터
전화 02)578-0003   팩스 02)578-7332
이메일 kyujang0691@gmail.com   홈페이지 www.kyujang.com
페이스북 facebook.com/kyujangbook   인스타그램 instagram.com/kyujang_com
카카오스토리 story.kakao.com/kyujangbook
등록일 1978.8.14. 제1-22

ⓒ 저자와의 협약 아래 인지는 생략되었습니다.
이 출판물은 저작권법에 의해 보호를 받는 저작물이므로 무단 전재와 무단 복제를 할 수 없습니다.

책값 뒤표지에 있습니다.
ISBN 979-89-6097-553-8 03230

이 도서의 국립중앙도서관 출판시도서목록(CIP)은 서지정보유통지원시스템 홈페이지(http://seoji.nl.go.kr)와
국가자료종합목록구축시스템(http://www.nl.go.kr/kolisnet)에서 이용하실 수 있습니다.
(CIP제어번호 : CIP2019028586)

규 | 장 | 수 | 칙

1. 기도로 기획하고 기도로 제작한다.
2. 오직 그리스도의 성품을 사모하는 독자가 원하고 필요로 하는 책만을 출판한다.
3. 한 활자 한 문장에 온 정성을 쏟는다.
4. 성실과 정확을 생명으로 삼고 일한다.
5. 긍정적이며 적극적인 신앙과 신행일치에의 안내자의 사명을 다한다.
6. 충고와 조언을 항상 감사로 경청한다.
7. 지상목표는 문서선교에 있다.

하나님을 사랑하는 자 곧 그의 뜻대로 부르심을 입은 자들에게는 모든 것이 合力하여 善을 이루느니라(롬 8:28)

규장은 문서를 통해 복음전파와 신앙교육에 주력하는 국제적 출판사들의
협의체인 복음주의출판협회(E.C.P.A:Evangelical Christian Publishers
Association)의 출판정신에 동참하는 회원(Associate Member)입니다.

Nations-Changer Movement & Network

나의 묵상과 기도 2

NCMN · 규장

사용 방법

1. 날마다 말씀을 묵상하도록 구성했습니다.
2. 이 책은 재정에 관한 말씀을 한 달간 묵상할 수 있도록 했습니다.
3. 매일 진도표를 따라 묵상하면 말씀이 내 안에서 역사하기 시작합니다.

그러므로 내가 첫째로 권하노니

모든 사람을 위하여

간구와 기도와 도고(중보기도)와 감사를 하라

———

디모데전서 2장 1절

묵상 본문| 마 6:22-24   **제목|** 단순한 삶

● 본문을 통해 하나님께서 내게 하시는 말씀은 무엇인가?

'성하다'는 것은 '순전하다, 단순하다, 둘이 아니고 하나다'라는 뜻이다. 눈의 초점이 분명하지 않아서 사물이 겹쳐 보이면 걷기가 힘들다. 눈은 몸의 등불이다. 눈이 밝아야 온 몸이 밝다. 눈의 상태는 우리의 몸에 그대로 영향을 준다.

그런데 주님은 육신의 눈의 상태를 말씀하시는 것이 아니라 재물을 다루는 삶을 비유로 말씀하시는 것이다. 이와 같이 재물에도 단순하게 살면 삶 전체가 밝고 건강한 것이다. 두 마음을 품지 않고 한 가지 마음을 가지는 것이다. 예수님은 단순하게 사셨다. 예수님은 오직 한 가지만을 위해서 사셨다. 아버지를 영화롭게 하는 것이다. 오직 한 가지의 목적과 목표를 두시고 그것을 이루기 위해 사셨다.

그것은 장막생활을 하는 것이다. 이것은 재물에 대한 영역에서의 나의 삶의 형태를 말한다. 재물에 있어서 사고 파는 법이 아닌 주고 받는 법으로 사는 것이다. 주는 법과 받는 법을 배우고 겸손하게 자기 분수대로 사는 것이다. 장막은 임시 건물이며 이동식 건물이다. 여행하는 사람이 집과 가구와 가전제품을 가지고 다니는가? 가능한 작게 짐을 꾸려 간편하게 여행을 다닐 것이다.

이 같이 재물에 있어서 단순하게 살며 삶의 목표를 단순하게 한다면 삶이 복잡하지 않고 단순해질 것이다. 염려와 근심, 두려움과 걱정과 불안 등에서 자유하게 되며, 기쁨과 평안과 자유함, 안식과 여유로움 등을 누릴 것이다.

● 하나님이 말씀하신 것을 구체적으로 내게 어떻게 적용할 것인가?

– 주는 삶을 생활화하자.

– 공간의 자유를 누리자. 옷장에서부터 공간의 여유를 가지자.

– 입지 않는 옷들은 나눠주어야 한다. 정기적으로 나누는 삶을 살아야 한다.

– 물건은 필요할 때만 구입한다. 욕심으로 사지 않는다.

중보기도

- 본문을 통해 내게 필요한 기도제목들은 무엇인가?

  두 마음을 품지 않게 하소서.

  재물을 섬기지 않고 다루는 삶을 살게 하소서.

  나누는 삶을 살길 원합니다.

- 왜 이 기도제목들이 내게 필요했는가?

  단순한 마음을 가지려면 오직 한 가지 마음을 가져야 하기 때문이다.

SAMPLE

- 오늘의 말씀을 통해 내 삶에 어떤 변화가 일어났는가?
  기도응답은 있는가? 구체적으로 어떤 것인가?

묵상 본문 | 마 25:14-30　　　제목 | 충성

• 본문을 통해 하나님께서 내게 하시는 말씀은 무엇인가?

• 하나님이 말씀하신 것을 구체적으로 내게 어떻게 적용할 것인가?

4

중보기도

- 본문을 통해 내게 필요한 기도제목들은 무엇인가?

- 왜 이 기도제목들이 내게 필요했는가?

- 오늘의 말씀을 통해 내 삶에 어떤 변화가 일어났는가?
  기도응답은 있는가? 구체적으로 어떤 것인가?

| 묵상 본문 | 신 8:1-10 | 제목 | 광야의 길 |

● 본문을 통해 하나님께서 내게 하시는 말씀은 무엇인가?

● 하나님이 말씀하신 것을 구체적으로 내게 어떻게 적용할 것인가?

중보기도

- 본문을 통해 내게 필요한 기도제목들은 무엇인가?

- 왜 이 기도제목들이 내게 필요했는가?

- 오늘의 말씀을 통해 내 삶에 어떤 변화가 일어났는가?
  기도응답은 있는가? 구체적으로 어떤 것인가?

묵상 본문| **히 11:6**　　　　제목| **믿음**

• 본문을 통해 하나님께서 내게 하시는 말씀은 무엇인가?

• 하나님이 말씀하신 것을 구체적으로 내게 어떻게 적용할 것인가?

중보기도

• 본문을 통해 내게 필요한 기도제목들은 무엇인가?

• 왜 이 기도제목들이 내게 필요했는가?

• 오늘의 말씀을 통해 내 삶에 어떤 변화가 일어났는가?
  기도응답은 있는가? 구체적으로 어떤 것인가?

● 본문을 통해 하나님께서 내게 하시는 말씀은 무엇인가?

● 하나님이 말씀하신 것을 구체적으로 내게 어떻게 적용할 것인가?

중보기도

- 본문을 통해 내게 필요한 기도제목들은 무엇인가?

- 왜 이 기도제목들이 내게 필요했는가?

- 오늘의 말씀을 통해 내 삶에 어떤 변화가 일어났는가?
  기도응답은 있는가? 구체적으로 어떤 것인가?

묵상 본문ㅣ**욥 34:21**   제목ㅣ**감찰하시는 하나님**

● 본문을 통해 하나님께서 내게 하시는 말씀은 무엇인가?

● 하나님이 말씀하신 것을 구체적으로 내게 어떻게 적용할 것인가?

중보기도

- 본문을 통해 내게 필요한 기도제목들은 무엇인가?

- 왜 이 기도제목들이 내게 필요했는가?

- 오늘의 말씀을 통해 내 삶에 어떤 변화가 일어났는가?
  기도응답은 있는가? 구체적으로 어떤 것인가?

묵상 본문ㅣ**딤후 2:2**　　　　　　제목ㅣ**부탁하라**

● 본문을 통해 하나님께서 내게 하시는 말씀은 무엇인가?

● 하나님이 말씀하신 것을 구체적으로 내게 어떻게 적용할 것인가?

중보기도

● 본문을 통해 내게 필요한 기도제목들은 무엇인가?

● 왜 이 기도제목들이 내게 필요했는가?

● 오늘의 말씀을 통해 내 삶에 어떤 변화가 일어났는가?
  기도응답은 있는가? 구체적으로 어떤 것인가?

묵상 본문ㅣ**막 4:10-13**   제목ㅣ**하나님나라의 비밀**

• 본문을 통해 하나님께서 내게 하시는 말씀은 무엇인가?

• 하나님이 말씀하신 것을 구체적으로 내게 어떻게 적용할 것인가?

중보기도

• 본문을 통해 내게 필요한 기도제목들은 무엇인가?	• 왜 이 기도제목들이 내게 필요했는가?

• 오늘의 말씀을 통해 내 삶에 어떤 변화가 일어났는가?
 기도응답은 있는가? 구체적으로 어떤 것인가?

묵상 본문| 신 8:1-10　　　　제목| **광야의 길**

● 본문을 통해 하나님께서 내게 하시는 말씀은 무엇인가?

나를 향한 하나님의 생각은 내가 언제나 번성하고 형통하게 사는 것에 있다. 그래서 하나님은 말씀을 주셨다. 다른 복잡하고 어려운 것을 요구하지 않으시고 오직 말씀을 지켜 행하라고 하신다. 오늘 하나님은 말씀을 지켜 행하기를 원하신다(8:1).

하나님은 나의 마음을 알고 싶어하신다. 내가 말씀을 따라 사는지, 하나님만을 의지하는지 알길 원하신다. 그래서 내게 광야의 길을 걷게 하실 때가 있다. 광야는 내 마음을 잘 보여주는 장소이다. 나의 헌신과 순종의 현주소가 광야의 길을 걸을 때 나타나기 때문이다(8:2).

하나님은 사람이 떡으로만 사는 것이 아니요 여호와의 입에서 나오는 모든 말씀으로 사는 줄을 내가 알기 원하신다. 그래서 하나님은 나의 재정을 다루신다. 나의 관심을 먹을 것과 입을 것과 마실 것에 두지 말고, 먼저 하나님의 뜻을 구하고 그 뜻에 따라 살기를 원하신다. 하나님의 뜻을 알려면 말씀을 알아야 한다. 성경을 열심히 살피며 하나님의 뜻을 구해야 한다.

● 하나님이 말씀하신 것을 구체적으로 내게 어떻게 적용할 것인가?

하나님은 '오늘' 순종하기를 원하신다. 말씀을 읽는 것을 습관화해야 한다. 날마다 성경을 10장씩 읽어야겠다. 내 상황이 광야의 한가운데 있지만 그곳에 관심을 두지 말고 주님께만 초점을 맞춰야겠다. 하나님은 내가 광야에 있는 현재의 상황에서의 내 마음을 알고 싶어하신다는 것을 기억하고 마음을 보여드리자. 하나님만을 의지하고 감사하자. 그분의 음성에 귀를 기울이자.

중보기도

• 본문을 통해 내게 필요한 기도제목들은 무엇인가?

광야와 같은 환경에 모든 관심을 집중하지 않고 이 상황에 나를 두신 하나님의 뜻을 아는 것이 더 중요하다. 그 뜻을 보여주소서.
하나님의 말씀을 사모하는 마음과 순종의 능력을 허락해주소서.

• 왜 이 기도제목들이 내게 필요했는가?

하나님은 내가 말씀에 순종할 때 내 삶을 형통하고 번성하게 하시기에 말씀에 순종하는 것이 가장 필요하다.
내가 처한 상황보다 더 중요한 것은 내 반응이다. 어리석게 반응하지 말고 올바르게 반응해야 하기 때문이다.

SAMPLE

• 오늘의 말씀을 통해 내 삶에 어떤 변화가 일어났는가?
기도응답은 있는가? 구체적으로 어떤 것인가?

묵상 본문 | 눅 12:13-21　　　제목 | 어리석은 부자

● 본문을 통해 하나님께서 내게 하시는 말씀은 무엇인가?

● 하나님이 말씀하신 것을 구체적으로 내게 어떻게 적용할 것인가?

중보기도

• 본문을 통해 내게 필요한 기도제목들은 무엇인가?	• 왜 이 기도제목들이 내게 필요했는가?

• 오늘의 말씀을 통해 내 삶에 어떤 변화가 일어났는가?
  기도응답은 있는가? 구체적으로 어떤 것인가?

| 묵상 날짜 | | 년 | 월 | 일 |

| 묵상 본문 | 시 111:5-10 | 제목 | 하나님을 경외하는 자 |

● 본문을 통해 하나님께서 내게 하시는 말씀은 무엇인가?

● 하나님이 말씀하신 것을 구체적으로 내게 어떻게 적용할 것인가?

중보기도

- 본문을 통해 내게 필요한 기도제목들은 무엇인가?

- 왜 이 기도제목들이 내게 필요했는가?

- 오늘의 말씀을 통해 내 삶에 어떤 변화가 일어났는가?
  기도응답은 있는가? 구체적으로 어떤 것인가?

묵상 본문 | 시 112:1-4   제목 | 하나님을 경외하는 자

• 본문을 통해 하나님께서 내게 하시는 말씀은 무엇인가?

• 하나님이 말씀하신 것을 구체적으로 내게 어떻게 적용할 것인가?

중보기도

● 본문을 통해 내게 필요한 기도제목들은 무엇인가?

● 왜 이 기도제목들이 내게 필요했는가?

● 오늘의 말씀을 통해 내 삶에 어떤 변화가 일어났는가?
  기도응답은 있는가? 구체적으로 어떤 것인가?

묵상 본문ㅣ**시 112:5-10**   제목ㅣ**꾸어주는 자**

● 본문을 통해 하나님께서 내게 하시는 말씀은 무엇인가?

● 하나님이 말씀하신 것을 구체적으로 내게 어떻게 적용할 것인가?

중보기도

• 본문을 통해 내게 필요한 기도제목들은 무엇인가?

• 왜 이 기도제목들이 내게 필요했는가?

• 오늘의 말씀을 통해 내 삶에 어떤 변화가 일어났는가?
  기도응답은 있는가? 구체적으로 어떤 것인가?

● 본문을 통해 하나님께서 내게 하시는 말씀은 무엇인가?

● 하나님이 말씀하신 것을 구체적으로 내게 어떻게 적용할 것인가?

중보기도

- 본문을 통해 내게 필요한 기도제목들은 무엇인가?

- 왜 이 기도제목들이 내게 필요했는가?

- 오늘의 말씀을 통해 내 삶에 어떤 변화가 일어났는가?
  기도응답은 있는가? 구체적으로 어떤 것인가?

묵상 본문 | **미 6:9-16**   제목 | **속부(俗富)**

● 본문을 통해 하나님께서 내게 하시는 말씀은 무엇인가?

● 하나님이 말씀하신 것을 구체적으로 내게 어떻게 적용할 것인가?

중보기도

- 본문을 통해 내게 필요한 기도제목들은 무엇인가?

- 왜 이 기도제목들이 내게 필요했는가?

- 오늘의 말씀을 통해 내 삶에 어떤 변화가 일어났는가?
  기도응답은 있는가? 구체적으로 어떤 것인가?

묵상 본문 | 미 7:7　　　　　　　제목 | **구원의 하나님**

● 본문을 통해 하나님께서 내게 하시는 말씀은 무엇인가?

● 하나님이 말씀하신 것을 구체적으로 내게 어떻게 적용할 것인가?

중보기도

- 본문을 통해 내게 필요한 기도제목들은 무엇인가?

- 왜 이 기도제목들이 내게 필요했는가?

- 오늘의 말씀을 통해 내 삶에 어떤 변화가 일어났는가?
  기도응답은 있는가? 구체적으로 어떤 것인가?

● 본문을 통해 하나님께서 내게 하시는 말씀은 무엇인가?

하나님은 사람을 찾으신다. 하나님이 찾으시는 사람은 충성된 사람이다. 하나님은 공평하시다. 학력이나 지역, 나이나 배경을 보고 찾지 않으시고 온 땅에서 찾으신다.

하나님이 충성된 사람을 찾으시면 그에게 놀라운 특권과 영광을 주신다. 하나님과 함께 살고 동행해주신다. 또한 하나님을 섬기도록 허락하신다.

● 하나님이 말씀하신 것을 구체적으로 내게 어떻게 적용할 것인가?

충성된 사람이 되는 것이 얼마나 중요한가! 하나님은 어디에 충성해야 하는 지 구체적으로 보여주신다. 누가복음 16장 11절에서 '충성해야 할 것은 재물'이라고 하신다. 내가 재물에 충성하는지 그렇지 않은지를 살피신다. 그리고 그 영역에 대한 우리의 충성을 알고 싶으셔서 삶을 살피신다.

주님은 내가 재물에 충성된 삶을 산다면 나로 하여금 하나님을 섬기고, 그분과 동행하는 사람이 되는 영광과 특권을 주신다. 그러므로 지금 내게 가장 큰 관심은 '재물에 충성'하는 것이다.

중보기도

- 본문을 통해 내게 필요한 기도제목들은 무엇인가?

  제가 재물에 충성되게 해주소서. 더 이상 빚지기를 원하지 않습니다. 빚을 최우선으로 갚기를 원합니다.

  힘을 주소서. 재정에 대한 잘못된 습관을 고치게 해주소서.

- 왜 이 기도제목들이 내게 필요했는가?

  재물에 충성된 사람이 될 때 하나님을 섬길 수 있기 때문이다. 하나님과 동행하며 친밀감을 누리며 살 수 있기 때문이다.

- 오늘의 말씀을 통해 내 삶에 어떤 변화가 일어났는가?
  기도응답은 있는가? 구체적으로 어떤 것인가?

● 본문을 통해 하나님께서 내게 하시는 말씀은 무엇인가?

● 하나님이 말씀하신 것을 구체적으로 내게 어떻게 적용할 것인가?

중보기도

● 본문을 통해 내게 필요한 기도제목들은 무엇인가?

● 왜 이 기도제목들이 내게 필요했는가?

● 오늘의 말씀을 통해 내 삶에 어떤 변화가 일어났는가?
   기도응답은 있는가? 구체적으로 어떤 것인가?

묵상 본문 | 시 147:1-7   제목 | 하나님을 찬양하라

● 본문을 통해 하나님께서 내게 하시는 말씀은 무엇인가?

● 하나님이 말씀하신 것을 구체적으로 내게 어떻게 적용할 것인가?

중보기도

● 본문을 통해 내게 필요한 기도제목들은 무엇인가?

● 왜 이 기도제목들이 내게 필요했는가?

● 오늘의 말씀을 통해 내 삶에 어떤 변화가 일어났는가?
  기도응답은 있는가? 구체적으로 어떤 것인가?

● 본문을 통해 하나님께서 내게 하시는 말씀은 무엇인가?

● 하나님이 말씀하신 것을 구체적으로 내게 어떻게 적용할 것인가?

중보기도

- 본문을 통해 내게 필요한 기도제목들은 무엇인가?

- 왜 이 기도제목들이 내게 필요했는가?

- 오늘의 말씀을 통해 내 삶에 어떤 변화가 일어났는가?
  기도응답은 있는가? 구체적으로 어떤 것인가?

묵상 본문ㅣ**잠 25:13**   제목ㅣ**충성된 사자**

● 본문을 통해 하나님께서 내게 하시는 말씀은 무엇인가?

● 하나님이 말씀하신 것을 구체적으로 내게 어떻게 적용할 것인가?

중보기도

• 본문을 통해 내게 필요한 기도제목들은 무엇인가?	• 왜 이 기도제목들이 내게 필요했는가?

• 오늘의 말씀을 통해 내 삶에 어떤 변화가 일어났는가?
  기도응답은 있는가? 구체적으로 어떤 것인가?

• 본문을 통해 하나님께서 내게 하시는 말씀은 무엇인가?

• 하나님이 말씀하신 것을 구체적으로 내게 어떻게 적용할 것인가?

중보기도

• 본문을 통해 내게 필요한 기도제목들은 무엇인가?

• 왜 이 기도제목들이 내게 필요했는가?

• 오늘의 말씀을 통해 내 삶에 어떤 변화가 일어났는가?
 기도응답은 있는가? 구체적으로 어떤 것인가?

묵상 본문ㅣ**잠 11:24-28**   제목ㅣ**구제를 좋아하는 사람**

● 본문을 통해 하나님께서 내게 하시는 말씀은 무엇인가?

● 하나님이 말씀하신 것을 구체적으로 내게 어떻게 적용할 것인가?

중보기도

• 본문을 통해 내게 필요한 기도제목들은 무엇인가?

• 왜 이 기도제목들이 내게 필요했는가?

• 오늘의 말씀을 통해 내 삶에 어떤 변화가 일어났는가?
  기도응답은 있는가? 구체적으로 어떤 것인가?

묵상 본문ㅣ**습 3:17-20**   제목ㅣ**전능자 하나님**

• 본문을 통해 하나님께서 내게 하시는 말씀은 무엇인가?

• 하나님이 말씀하신 것을 구체적으로 내게 어떻게 적용할 것인가?

중보기도

- 본문을 통해 내게 필요한 기도제목들은 무엇인가?

- 왜 이 기도제목들이 내게 필요했는가?

- 오늘의 말씀을 통해 내 삶에 어떤 변화가 일어났는가?
  기도응답은 있는가? 구체적으로 어떤 것인가?

묵상 본문 | 왕상 17:2-7   제목 | 그릿 시냇가

• 본문을 통해 하나님께서 내게 하시는 말씀은 무엇인가?

하나님은 기근에도 순종하는 그의 자녀들의 쓸 것을 공급하신다. 엘리야는 가장 재정적으로 어려울 때 하나님의 공급하심을 경험했다. 하나님은 엘리야에게 그릿 시냇가에 가서 머물라고 하셨다.

이때 엘리야는 믿음이 필요했다. 그곳에는 아무도 없었기 때문이다. 나를 알고 내 필요를 채워줄 사람이 없는 곳이다. 그러나 엘리야는 하나님의 말씀에 순종했고, 하나님이 모든 필요를 채우실 것을 믿었다.

하나님이 까마귀를 통해서 그의 쓸 것을 주시겠다고 할 때도 믿음이 필요했다. 작은 새의 입으로 내 필요를 얼마나 공급할 수 있겠는가! 그렇지만 엘리야는 순종했다.

• 하나님이 말씀하신 것을 구체적으로 내게 어떻게 적용할 것인가?

순종하는 삶이 얼마나 중요한가! 말씀을 듣고 따르는 것이 얼마나 귀한가! 환경을 보며 염려하거나 두려워하는 것이 아니라 오직 말씀을 듣고 순종하는 삶이 귀하다.

나는 지금 어디에 있는가?

내가 있는 곳은 하나님이 말씀하신 곳인가?

하나님이 있으라고 하신 곳인가?

내가 하는 일은 하나님이 하라고 하신 것인가?

내 관심은 환경이나 사람이 아닌 오직 하나님의 말씀과 뜻이어야 한다.

나는 하나님을 신뢰하고, 내 모든 필요를 채우시는 줄 믿는가?

중보기도

• 본문을 통해 내게 필요한 기도제목들은 무엇인가?

믿음이 필요하다. 환경에 따라 반응하지 않고 오직 말씀을 듣고 순종하는 믿음이 있어야 한다.

주변의 환경이나 상황에 반응하지 않고 오직 하나님의 말씀에 순종하는 믿음을 주시도록 기도해야 한다. 염려하지 않고 하나님만을 신뢰하는 믿음을 주시도록 기도해야 한다.

• 왜 이 기도제목들이 내게 필요했는가?

나는 자주 주변의 환경을 의지하려 한다. 그래서 오히려 염려가 많다.

SAMPLE

• 오늘의 말씀을 통해 내 삶에 어떤 변화가 일어났는가?
  기도응답은 있는가? 구체적으로 어떤 것인가?

● 본문을 통해 하나님께서 내게 하시는 말씀은 무엇인가?

● 하나님이 말씀하신 것을 구체적으로 내게 어떻게 적용할 것인가?

중보기도

- 본문을 통해 내게 필요한 기도제목들은 무엇인가?

- 왜 이 기도제목들이 내게 필요했는가?

- 오늘의 말씀을 통해 내 삶에 어떤 변화가 일어났는가? 기도응답은 있는가? 구체적으로 어떤 것인가?

묵상 날짜	년	월	일
묵상 본문	**왕상 17:2-7**	제목	**그릿 시냇가**

● 본문을 통해 하나님께서 내게 하시는 말씀은 무엇인가?

● 하나님이 말씀하신 것을 구체적으로 내게 어떻게 적용할 것인가?

중보기도

- 본문을 통해 내게 필요한 기도제목들은 무엇인가?

- 왜 이 기도제목들이 내게 필요했는가?

- 오늘의 말씀을 통해 내 삶에 어떤 변화가 일어났는가?
  기도응답은 있는가? 구체적으로 어떤 것인가?

묵상 본문| **왕상 17:8-16**   제목| **사렙다 과부**

● 본문을 통해 하나님께서 내게 하시는 말씀은 무엇인가?

● 하나님이 말씀하신 것을 구체적으로 내게 어떻게 적용할 것인가?

중보기도

• 본문을 통해 내게 필요한 기도제목들은 무엇인가?

• 왜 이 기도제목들이 내게 필요했는가?

• 오늘의 말씀을 통해 내 삶에 어떤 변화가 일어났는가?
  기도응답은 있는가? 구체적으로 어떤 것인가?

• 본문을 통해 하나님께서 내게 하시는 말씀은 무엇인가?

• 하나님이 말씀하신 것을 구체적으로 내게 어떻게 적용할 것인가?

중보기도

- 본문을 통해 내게 필요한 기도제목들은 무엇인가?

- 왜 이 기도제목들이 내게 필요했는가?

- 오늘의 말씀을 통해 내 삶에 어떤 변화가 일어났는가?
  기도응답은 있는가? 구체적으로 어떤 것인가?

묵상 본문ㅣ**대상 29:1-9**   제목ㅣ**드림**

● 본문을 통해 하나님께서 내게 하시는 말씀은 무엇인가?

● 하나님이 말씀하신 것을 구체적으로 내게 어떻게 적용할 것인가?

중보기도

- 본문을 통해 내게 필요한 기도제목들은 무엇인가?

- 왜 이 기도제목들이 내게 필요했는가?

- 오늘의 말씀을 통해 내 삶에 어떤 변화가 일어났는가?
  기도응답은 있는가? 구체적으로 어떤 것인가?

묵상 본문 | **대상 29:10-19**   제목 | **주의 것**

● 본문을 통해 하나님께서 내게 하시는 말씀은 무엇인가?

● 하나님이 말씀하신 것을 구체적으로 내게 어떻게 적용할 것인가?

중보기도

- 본문을 통해 내게 필요한 기도제목들은 무엇인가?

- 왜 이 기도제목들이 내게 필요했는가?

- 오늘의 말씀을 통해 내 삶에 어떤 변화가 일어났는가?
  기도응답은 있는가? 구체적으로 어떤 것인가?

묵상 본문ㅣ**잠 8:17-21**   제목ㅣ**주를 사랑하는 자**

● 본문을 통해 하나님께서 내게 하시는 말씀은 무엇인가?

● 하나님이 말씀하신 것을 구체적으로 내게 어떻게 적용할 것인가?

중보기도

- 본문을 통해 내게 필요한 기도제목들은 무엇인가?

- 왜 이 기도제목들이 내게 필요했는가?

- 오늘의 말씀을 통해 내 삶에 어떤 변화가 일어났는가?
  기도응답은 있는가? 구체적으로 어떤 것인가?

묵상 본문 | **잠 8:10-16**   제목 | **가장 귀한 것**

• 본문을 통해 하나님께서 내게 하시는 말씀은 무엇인가?

• 하나님이 말씀하신 것을 구체적으로 내게 어떻게 적용할 것인가?

중보기도

- 본문을 통해 내게 필요한 기도제목들은 무엇인가?

- 왜 이 기도제목들이 내게 필요했는가?

- 오늘의 말씀을 통해 내 삶에 어떤 변화가 일어났는가?
  기도응답은 있는가? 구체적으로 어떤 것인가?

| 묵상 본문 | **잠 22:4** | 제목 | **여호와의 경외함의 보상** |

● 본문을 통해 하나님께서 내게 하시는 말씀은 무엇인가?

● 하나님이 말씀하신 것을 구체적으로 내게 어떻게 적용할 것인가?

중보기도

• 본문을 통해 내게 필요한 기도제목들은 무엇인가?	• 왜 이 기도제목들이 내게 필요했는가?

• 오늘의 말씀을 통해 내 삶에 어떤 변화가 일어났는가?
  기도응답은 있는가? 구체적으로 어떤 것인가?

| 묵상 본문 | 행 2:42-47 | 제목 | **성령 공동체** |

● 본문을 통해 하나님께서 내게 하시는 말씀은 무엇인가?

● 하나님이 말씀하신 것을 구체적으로 내게 어떻게 적용할 것인가?

중보기도

- 본문을 통해 내게 필요한 기도제목들은 무엇인가?
- 왜 이 기도제목들이 내게 필요했는가?

- 오늘의 말씀을 통해 내 삶에 어떤 변화가 일어났는가? 기도응답은 있는가? 구체적으로 어떤 것인가?

하나님의 보좌를 움직이는 사람

중보기도자는 '하나님의 보좌를 움직이는 사람'입니다.
이사야서 62장 6,7절에 "…너희 여호와로 기억하시게 하는 자들아! 너희는 쉬지 말며, 또 여호와께서 예루살렘을 세워 세상에서 찬송을 받게 하시기까지 그로 쉬지 못하시게 하라"고 하셨습니다. 전능하신 하나님, 역사의 주이신 하나님을 쉬지 않고 일하시게 하는 것은 중보기도자의 기도입니다.

중보기도자는 하나님의 세계경영 프로젝트의 '일급비밀을 소유한 사람'입니다. 아모스서 3장 7절에 "주 여호와께서는 자기의 비밀을 그 종 선지자들에게 보이지 아니하시고는 결코 행하심이 없으시리라"고 하셨습니다.
하나님께서 그의 비밀을 보이신 것은 중보기도자의 자리에 들어가라는 것입니다. 고급 정보를 소유했다고 교만하게 자랑하라는 것이 아닙니다. 잠잠히 보좌 앞으로 나아가 하나님이 하시고자 하는 놀라운 일이 이루어지도록 엎드려 기도하라는 것입니다.

중보기도자는 '지도를 바꾸는 사람'입니다.
이사야서 41장 15절에 "보라 내가 너를 이가 날카로운 새 타작기로 삼으리니 네가 산들을 쳐서 부스러기를 만들 것이며 작은 산들을 겨 같이 만들 것이라"고 하셨습니다. 산들이 사라지고 평지가 되는 것은 지도를 바꾸는 것입니다.
하나님은 중보기도자의 기도를 통해 나라와 도시와 지역과 개인의 방향을 바꾸십니다.

모세, 다니엘, 에스라, 느헤미야는 중보기도자입니다.
"여호와께서 그들을 멸하리라 하셨으나 그가 택하신 모세가 그 어려움 가운데에서 그의 앞에 서서 그의 노를 돌이켜 멸하시지 아니하게 하였도다"(시 106:23).

하나님은 오늘도 사람을 찾으십니다.

이 땅을 위하여 성을 쌓으며 성 무너진 데를 막아서서
나로 하여금 멸하지 못하게 할 사람을 내가 그 가운데에서 찾았노라 겔 22:30

누가 이 놀랍고 영광스러운 중보기도의 자리에 들어갈 수 있을까요?

NCMN 홍성건

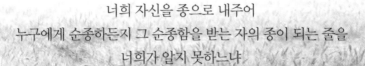

너희 자신을 종으로 내주어
누구에게 순종하든지 그 순종함을 받는 자의 종이 되는 줄을
너희가 알지 못하느냐

롬 6:16

이 름	
소 속	

Weekly

주간 금전출납부

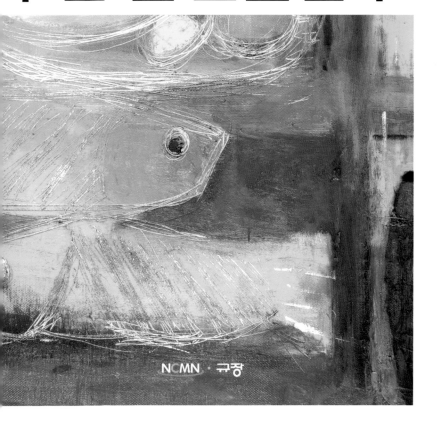

NCMN · 규장

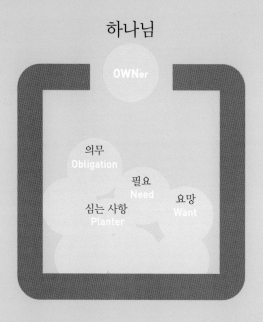

하나님

OWNer

의무
Obligation

필요
Need

요망
Want

심는 사항
Planter

사용 방법

1. 평소에 지출하던 습관대로 한 달의 수입과 지출을 솔직하게 기록합니다.
2. 내가 바라던 수입과 지출을 적는 게 아니라 여태까지 생활했던 그대로를 적는 게 중요합니
3. 한두 달 동안 적으면 얼마나 불필요한 지출을 하고 있는지 알게 됩니다.
4. 이것은 믿음의 예산안을 짜기 위한 준비 작업입니다.

▣ 금전출납부 특징

· 예산 및 결산은 기본적으로 월 단위로 계산합니다.
· 수지기록은 주간 단위로 기록함으로써 계획적인 가계관리가 가능합니다.
· 일주일의 단위는 성경적 주간 개념을 도입하여 일요일부터 시작하도록 하였습니다.
· 예산, 지출, 잔액을 비교할 수 있도록 하여 닫힌 원 예산의 범위 내에서
  예산에 맞는 지출을 관리할 수 있도록 하였습니다.
· 지출항목을 네 가지로 구분하여 각 항목간 지출의 균형을 유지할 수 있도록 하였습니다.

▣ 항목분류

· 지출 항목분류는 의무사항, 필요사항, 심고거둠, 요망사항으로 구분합니다.
· 지출 각 항목의 소분류는 자율적으로 구분하여 사용합니다.
  (예: 의무사항은 십일조, 헌금, 세금, 공과금, 효도비 등으로 분류)
· 지출 항목간 예산 전용은 불가합니다.

▣ 예산수립 및 수지기록

· 1년간 정기적 비정기적 수입과 지출 항목별 월 평균 지출액을 예산으로 수립합니다.
· 기지출 금액은 월 단위로 계산되며, 해당 월의 전 주까지 지출된 금액을 누계한 금액입니다.
· 매주 일요일은 '전 주 이월 수입'을 기록하여 통장잔액과 금전출납부 금액이 맞도록
  차액을 조정합니다.
· 지출 날짜의 해당 항목란에 세부 소분류 항목과 지출금액을 기록합니다.

▣ 결산

· 주간별 결산은 당해 1주일간의 지출을 항목별로 합산하여 기록합니다.
· 월말 결산은 주간별 결산을 합산하여 월말결산에 기록합니다.
· 연말결산은 월말결산을 합산하여 연말결산에 기록합니다.
· 연말결산 자료는 다음 년도 예산수립의 기초 자료가 됩니다.

요 일 날 짜	내 역	금 액	지	
			의무사항(40–45%)	필요사항(40–45
월예산 기지출 잔 액	월예산 : 사전에 월 예산으로 세운 금액을 지출항목별로 기록 기지출 : 월 예산 중 전 주까지 지출한 금액의 합계를 항목별로 기록 잔 액 : (월예산 – 기지출)한 금액을 기록하며, 이 금액은 지출 가능한 금액을 의미하며 지출 통제 기능			
일 ——	전 주 이월 수입			
월 ——				
화 ——		날짜와 지출항목별로 지출내역을 기록		
수 ——				
목 ——				
금 ——				
토 ——				
합 계	1주일 단위의 수입 및 지출 항목별 합계를 산출하여 기록			

금전출납부

출				잔 액
십고거둠(5–10%)	요망사항(5–10%)	지출 총액		

(수입합계 – 지출총액 합계)를
산출하여 통장잔액에 기록하고,
이 금액은 다음주 주일의
'전 주 이월 수입'으로 기록됨

_____ **월** _____ **주차**

요일 날짜	내역	금액	의무사항(40-45%)	필요사항(40-45	지
월예산					
기지출					
잔 액					
일 ——					
월 ——					
화 ——					
수 ——					
목 ——					
금 ——					
토 ——					
합 계					

금전출납부

출			잔 액
심고거둠(5-10%)	요망사항(5-10%)	지출 총액	

요일 날짜	내역	금액	지 의무사항(40-45%)	필요사항(40-45
월예산				
기지출				
잔 액				
일 ——				
월 ——				
화 ——				
수 ——				
목 ——				
금 ——				
토 ——				
합 계				

금전출납부

출			잔 액
심고거둠(5-10%)	요망사항(5-10%)	지출 총액	

요일 날짜	내역	금액	지 의무사항(40-45%)	필요사항(40-45
월예산				
기지출				
잔 액				
일 ___				
월 ___				
화 ___				
수 ___				
목 ___				
금 ___				
토 ___				
합 계				

금전출납부

출			잔 액
심고거둠(5-10%)	요망사항(5-10%)	지출 총액	

요일 날짜	내역	금액	지	
			의무사항(40-45%)	필요사항(40-45%
월예산				
기지출				
잔 액				
일 ___				
월 ___				
화 ___				
수 ___				
목 ___				
금 ___				
토 ___				
합 계				

금전출납부

출			잔 액
심고거둠(5-10%)	요망사항(5-10%)	지출 총액	

_____ 월 _____ 주치

요일 날짜			지	
	내역	금액	의무사항(40-45%)	필요사항(40-45%
월예산				
기지출				
잔 액				
일 ——				
월 ——				
화 ——				
수 ——				
목 ——				
금 ——				
토 ——				
합 계				

금전출납부

출			잔 액
심고거둠(5–10%)	요망사항(5–10%)	지출 총액	

요일 날짜			지	
	내역	금액	의무사항(40-45%)	필요사항(40-45%)
월예산				
기지출				
잔 액				
일 ——				
월 ——				
화 ——				
수 ——				
목 ——				
금 ——				
토 ——				
합 계				

금전출납부

출			잔 액
심고거둠(5-10%)	요망사항(5-10%)	지출 총액	

요 일 / 날 짜			지	
	내역	금액	의무사항(40-45%)	필요사항(40-45%)
월예산				
기지출				
잔 액				
일 ──				
월 ──				
화 ──				
수 ──				
목 ──				
금 ──				
토 ──				
합 계				

금전출납부

출			잔 액
심고거둠(5–10%)	요망사항(5–10%)	지출 총액	

요일 날짜			지	
	내역	금액	의무사항(40-45%)	필요사항(40-45%
월예산				
기지출				
잔 액				
일 ___				
월 ___				
화 ___				
수 ___				
목 ___				
금 ___				
토 ___				
합 계				

금전출납부

출			잔 액
심고거둠(5–10%)	요망사항(5–10%)	지출 총액	

요 일 날 짜				지
	내역	금액	의무사항(40−45%)	필요사항(40−45%
월예산				
기지출				
잔 액				
일 ——				
월 ——				
화 ——				
수 ——				
목 ——				
금 ——				
토 ——				
합 계				

금전출납부

출			잔 액
심고거둠(5-10%)	요망사항(5-10%)	지출 총액	

요 일 날 짜	내역	금액	지	
			의무사항(40−45%)	필요사항(40−45%)
월예산				
기지출				
잔 액				
일 ――				
월 ――				
화 ――				
수 ――				
목 ――				
금 ――				
토 ――				
합 계				

금전출납부

출			잔 액
심고거둠(5-10%)	요망사항(5-10%)	지출 총액	

요 일				지
날 짜	내역	금액	의무사항(40−45%)	필요사항(40−45%)
월예산				
기지출				
잔 액				
일 ──				
월 ──				
화 ──				
수 ──				
목 ──				
금 ──				
토 ──				
합 계				

금전출납부

출			잔 액
심고거둠(5-10%)	요망사항(5-10%)	지출 총액	

요 일 날 짜				지
	내역	금액	의무사항(40-45%)	필요사항(40-45%)
월예산				
기지출				
잔 액				
일 ──				
월 ──				
화 ──				
수 ──				
목 ──				
금 ──				
토 ──				
합 계				

금전출납부

출			잔 액
심고거둠(5-10%)	요망사항(5-10%)	지출 총액	

_____ 월 _____ 주차

요 일 날짜	내역	금액	지 의무사항(40-45%)	필요사항(40-45%)
월예산				
기지출				
잔 액				
일 ——				
월 ——				
화 ——				
수 ——				
목 ——				
금 ——				
토 ——				
합 계				

금전출납부

출			잔 액
심고거둠(5-10%)	요망사항(5-10%)	지출 총액	

요일 날짜	내역	금액	의무사항(40-45%)	지 필요사항(40-45%)
월예산				
기지출				
잔 액				
일 ___				
월 ___				
화 ___				
수 ___				
목 ___				
금 ___				
토 ___				
합 계				

금전출납부

출			잔 액
심고거둠(5-10%)	요망사항(5-10%)	지출 총액	

요 일 날 짜				지
	내역	금액	의무사항(40-45%)	필요사항(40-45%
월예산				
기지출				
잔 액				
일 ___				
월 ___				
화 ___				
수 ___				
목 ___				
금 ___				
토 ___				
합 계				

금전출납부

출			잔 액
심고거둠(5-10%)	요망사항(5-10%)	지출 총액	

_____ **월** _____**주차**

요 일 <u>날 짜</u>				지
	내역	금액	의무사항(40-45%)	필요사항(40-45%)
월예산				
기지출				
잔 액				
일 ——				
월 ——				
화 ——				
수 ——				
목 ——				
금 ——				
토 ——				
합 계				

금전출납부

출			잔 액
심고거둠(5~10%)	요망사항(5~10%)	지출 총액	

요 일 날 짜	내역	금액	의무사항(40-45%)	지 필요사항(40-45%)
월예산				
기지출				
잔 액				
일 ___				
월 ___				
화 ___				
수 ___				
목 ___				
금 ___				
토 ___				
합 계				

금전출납부

출			잔 액
심고거둠(5-10%)	요망사항(5-10%)	지출 총액	
			잔 액

요일 날짜			지	
	내역	금액	의무사항(40-45%)	필요사항(40-45%)
월예산				
기지출				
잔 액				
일 —				
월 —				
화 —				
수 —				
목 —				
금 —				
토 —				
합 계				

금전출납부

출			잔 액
심고거둠(5–10%)	요망사항(5–10%)	지출 총액	

요일 날짜				지
	내역	금액	의무사항(40-45%)	필요사항(40-45%)
월예산				
기지출				
잔 액				
일 —				
월 —				
화 —				
수 —				
목 —				
금 —				
토 —				
합 계				

금전출납부

출			잔 액
심고거둠(5-10%)	요망사항(5-10%)	지출 총액	

요일 날짜				지
	내역	금액	의무사항(40−45%)	필요사항(40−45%)
월예산				
기지출				
잔 액				
일 ——				
월 ——				
화 ——				
수 ——				
목 ——				
금 ——				
토 ——				
합 계				

금전출납부

출			잔 액
심고거둠(5-10%)	요망사항(5-10%)	지출 총액	

_____ 월 _____주 차

요 일 날 짜				지
	내역	금액	의무사항(40-45%)	필요사항(40-45%)
월예산				
기지출				
잔 액				
일 ___				
월 ___				
화 ___				
수 ___				
목 ___				
금 ___				
토 ___				
합 계				

금전출납부

출			잔 액
심고거둠(5-10%)	요망사항(5-10%)	지출 총액	
			잔 액

_____ 월 _____ 주차

요일 날짜	내역	금액	지	
			의무사항(40-45%)	필요사항(40-45%)
월예산				
기지출				
잔 액				
일 ——				
월 ——				
화 ——				
수 ——				
목 ——				
금 ——				
토 ——				
합 계				

금전출납부

출			잔 액
심고거둠(5-10%)	요망사항(5-10%)	지출 총액	

요일 날짜				지
	내역	금액	의무사항(40-45%)	필요사항(40-45%
월예산				
기지출				
잔 액				
일 ——				
월 ——				
화 ——				
수 ——				
목 ——				
금 ——				
토 ——				
합 계				

금전출납부

출			잔 액
심고거둠(5-10%)	요망사항(5-10%)	지출 총액	

요 일 　날 짜				지
	내역	금액	의무사항(40-45%)	필요사항(40-45%
월예산				
기지출				
잔 액				
일 ——				
월 ——				
화 ——				
수 ——				
목 ——				
금 ——				
토 ——				
합 계				

금전출납부

출			잔 액
심고거둠(5–10%)	요망사항(5–10%)	지출 총액	

_____월 _____주차

요일 날짜	내역	금액	의무사항(40-45%)	필요사항(40-45%
월예산				
기지출				
잔 액				
일 ──				
월 ──				
화 ──				
수 ──				
목 ──				
금 ──				
토 ──				
합 계				

금전출납부

출			잔 액
심고거둠(5–10%)	요망사항(5–10%)	지출 총액	

요일 날짜	내역	금액	지 의무사항(40-45%)	필요사항(40-45%)
월예산				
기지출				
잔 액				
일 ——				
월 ——				
화 ——				
수 ——				
목 ——				
금 ——				
토 ——				
합 계				

금전출납부

출			잔 액
심고거둠(5~10%)	요망사항(5~10%)	지출 총액	

요 일 날 짜	내역	금액	지 의무사항(40-45%)	필요사항(40-45%
월예산				
기지출				
잔 액				
일 ——				
월 ——				
화 ——				
수 ——				
목 ——				
금 ——				
토 ——				
합 계				

금전출납부

출			잔 액
심고거둠(5-10%)	요망사항(5-10%)	지출 총액	

_____ 월 _____주차

요 일 날 짜			지	
	내역	금액	의무사항(40-45%)	필요사항(40-45%
월예산				
기지출				
잔 액				
일 ――				
월 ――				
화 ――				
수 ――				
목 ――				
금 ――				
토 ――				
합 계				

금전출납부

출			잔 액
심고거둠(5–10%)	요망사항(5–10%)	지출 총액	

요 일 날 짜			지	
	내역	금액	의무사항(40-45%)	필요사항(40-45%)
월예산				
기지출				
잔 액				
일 ——				
월 ——				
화 ——				
수 ——				
목 ——				
금 ——				
토 ——				
합 계				

금전출납부

출			잔 액
심고거둠(5-10%)	요망사항(5-10%)	지출 총액	

요 일 날 짜			지	
	내역	금액	의무사항(40-45%)	필요사항(40-45%
월예산				
기지출				
잔 액				
일 ——				
월 ——				
화 ——				
수 ——				
목 ——				
금 ——				
토 ——				
합 계				

금전출납부

출			잔 액
심고거둠(5-10%)	요망사항(5-10%)	지출 총액	

요일 날 짜	내역	금액	지 의무사항(40-45%)	필요사항(40-45%)
월예산				
기지출				
잔 액				
일 ____				
월 ____				
화 ____				
수 ____				
목 ____				
금 ____				
토 ____				
합 계				

금전출납부

출			잔 액
심고거둠(5-10%)	요망사항(5-10%)	지출 총액	

_____ 월 _____주치

요 일 날 짜			지	
	내역	금액	의무사항(40–45%)	필요사항(40–45%
월예산				
기지출				
잔 액				
일 ——				
월 ——				
화 ——				
수 ——				
목 ——				
금 ——				
토 ——				
합 계				

금전출납부

출			잔 액
심고거둠(5-10%)	요망사항(5-10%)	지출 총액	

구 분	수 입		지	
	수입 합계	의무사항(40-45%)	필요사항(40-45%)	
1월 예산				
결 산				
차 액				
2월 예산				
결 산				
차 액				
3월 예산				
결 산				
차 액				
4월 예산				
결 산				
차 액				
5월 예산				
결 산				
차 액				
6월 예산				
결 산				
차 액				

별 산

출			잔 액
심고거둠(5–10%)	요망사항(5–10%)	지출 총액	

| 구분 | 수입 | | 지 |
	수입 합계	의무사항(40−45%)	필요사항(40−45

출			잔 액
싣고거둠(5~10%)	요망사항(5~10%)	지출 총액	

NOTE

물이 바다를 덮음같이
여호와의 영광을 인정하는 것이 세상에 가득함이니라
합 2:14

이　름

소　속